JN159149

まるんの語る「どっひゃー！」ワールド

—平成異文化体験物語—

語り まるん
著者 宮崎潤一
イラスト ふじわら・よしひで

溪水社

はじめに

令和の時代となった。この、「まるんの語る「**どっひゃー!**」ワールド」は私の古くからの友人、まるんが、平成の時代に見聞し、体験した感想を文章として綴ったエッセー風な物語である。前半が平成初期、後半が平成後期のころのことである。

昭和、大正、明治と同様、平成が歴史の一ページとなっていく中、平成のころはこんな様子だったんだ、というまるんの目を通した記憶として残す。

さて、まるんは、内向的な私と違い、積極的に物事に取り組むチャレンジャーである。彼は昔から、突然いなくなり、突然現れる。最近は巡礼だと称して、百観音巡りや、百八不動巡りをしていたと思ったら、いつの間にか女の子をモデルにして、カレンダーを作ったりしている。大酒飲みであるが、わるいやつではない。

いっしょに大酒を飲んでは、まるんが**どっひゃー!**となった体験を、面白おかしく、私に語る。毎回、毎回内容が異なり、なんとなく聞き流していてはもったいないので、私がエッセイ風な物語としてまとめた。本書がそれである。

まるんは、いろいろなことをやっている。詳細は巻末の「プロフィール」を参照されたい。重機の作業免許の話の時は、建築・土木関係の仕事でも始めるのかと思った。長くつきあってきたつもりだが、要するに、私とは違う世界の人間なのだと自分に言い聞かせ、納得することにしている。だって、正直「なんだこいつは」という気持ちがある。私は教員免許と普通運転免許くらいしかないのに。

そうした、私の感情はさておき、このまるんの語りには前述のようにまるんの資格や経験に基づいた視点が随所に現れる。ワイルドな世界を知らない私などは、ただただ驚き、怯え、嘆息するのみである。めんどくさい、私の話しなどどうでもいい、〈まるん〉の世界を私と一緒に旅しよう。

繰り返すが、まあ、本書を読めばまるんは何者なのか、どんなやつなのか、私が「なんだこいつは」と思いながら長いつきあいをしてきた理由を、必然的に読者諸氏に感じてもらえると願っている。本文中に出てくるM氏というのは私である。

もう一言、私には、まるんが何者かはいまだにわかっていない。大酒飲みではあるが人畜無害ということだけは私が証明出来る。

こんな前書きで、まるんが怒らないか心配です。

まるんに代わって　著者　宮﨑　潤一

まるんのテーマソング　ダウンロードでお楽しみ下さい♪

本書の主人公、まるんをイメージしたテーマソングを配布しています。楽曲データは、http://www.keisui.co.jp/coment/marun.html よりダウンロードしていただけます。

スマートフォンやタブレットをご利用の方は下記のＱＲコードからアクセスしてください。（「まるんのテーマソング」by Daisuke Aiba
※データ形式は MP3 です）
ぜひ、テーマソングを聴きながら、まるんの世界をお楽しみください。

目次

まるんの語る「どっひゃー!」ワールド

――平成異文化体験物語――

【前編】大空と大地、海そして観音様のお話（平成前期）

1

空

〈紅の豚（くれないのぶた）編〉

俺はあの日、アメリカにいた。いや、正確にはグアムの上空にいた。その時の話だ。

アメリカ合衆国の中西部イリノイの大地は大きかったが、グアムの海も限りなく広かった。セスナ172型機は4500フィートのココス島上空に向かってグアム国際空港を離陸した。などと書き出すと、優雅なフライトを感じるかもしれないが、副操縦士席の俺は大きい体を硬くして大汗をかいていた。当時の軽飛行機の操縦席にエアコンなどという気の利いたものがないせいではない。パイロット席に御座なされます米国人インストラクター大先生は「You have」といったきりだからである。（パイロット用語で「You have control」つまり、お前が現在本機のすべてをcontrolしろという意味）。俺がちらと横目で大先生をみれば、**どっひゃー!**なんとその手は、手は膝の上、両足はペダルからほど遠い状況でいらっしゃる。

第二次世界戦中、大日本帝国海軍戦闘機パイロットの間でも、「パイロットの七割頭」という言葉があったそうで、(もしその方面の関係者がいらっしゃったら最初にあやまる。俺は、自称零式戦闘機搭乗員だったという老人から聞いた単語で、裏はとっておらん)。つまり、空の上では、地上よりも思考力、判断力が低下するという意味のことを理解しているそうだが、そうでなくても、このフライトアカデミー入門コースの初体験。にわかパイロットの俺は、文字通り「必死」の形相で操縦桿を握っていた。

俺はよく、「アメリカはでかい」という言葉を耳にしてきた。実際、スーパーマーケット自体が迷子になるくらい広大な上に、商品も遺伝子改良か、気候のせいか不明ではあるが、日本の倍はありそうな野菜や果物が並んでいる。後述するが、食事に至っては、戦いに近い覚悟がいる場合もある。このときも驚いた。

しかし、現在、文字通り「足が地につかない」状況に至った俺は、左の席におわします大先生が生殺与奪の権を握っているとは思いつつ、本当に何もしない心の広さに閉口していた。信じているのか、無責任なのか、からかっているのかわからないが、離陸時から左旋回をして現在上昇中のいまでも全く手出しをしない。まじめに**どっひゃー!**である。

ただ、インカムを通して、大先生の指示は明瞭に俺の頭の中にたたき込まれる。日本語で表現すれば、「左上昇旋回」「上昇計を確認しろ」「現在の進路を維持しろ」などである。

ここでちょっと俺のプチ蘊蓄《うんちく》の押し売りをしておく。飛行機は基本的に、左右の足で操作するペダルで垂直尾翼と連動し、右旋回、左旋回をする。つまり踏んだ方へ曲がる理屈になっている。セスナなどの小さな原始的飛行機は前輪と連動している。三輪車の前輪である。自動車のハンドルにあたる作業は両足のペダルが受け持つ、ハンドルは自動車の場合は固定されているが、飛行機のそれは前後も動く。水平尾翼と連動していて、前後に推したり引いたりすれば、上がったり下がったりする。上昇、下降はゆっくり操縦桿を押したり引いたりすれば尾翼と連動して機体がそういう姿勢になる。自動車のハンドルに似た操縦桿（桿は零式戦のような棒状のものだが便宜上この表記とする）。そのハンドルのような装置は左右に回すと、主翼の両翼にある装置が対比的に動き、バンク角（飛行機は曲がるとき斜めになって曲がる）が得られる。飛行機の操縦は、四輪自動車の運転よりもむしろ大型二輪バイクの感覚に近いものがある。右旋回は、右ペダルを踏み、操縦桿を右に回しさらに少し引く、といった作業を一挙動で行う。もっとも平面上を移動する乗り物と、三次元空間を移動する乗り物では、根本的に違うと言えばそれまでだが…。

俺は、左旋回をしながら、視線は前方に向けつつ窓からみえる左下の景色を大先生越しにみる。窓からみえてくる左下の景色をちと伺う。「こんなに高くなっちゃったよ」「落ちたら死んじゃう…」と俺の頭をよぎる。

バンクをやめ、機体を安定させ、直線上に上昇を続ける。俺は上昇計をみながら限りなく続く青い空に感嘆する。やがて視線前方に何やら白いもの。「雲だ」「ありゃあー、小さな雲が目の前にある。こりゃあ本物の雲だ、やや、こちらにどんどん近づいてくる」などと「天狗の隠れ蓑」のセリフに近い表現が俺の心の中に自然と湧き上がってくる。実際の俺の内心はハラハラ状態ではあるのだが口にはださない。

狭い後席では友人のM氏が必死のビデオ撮影を敢行している。その時、大先生の声がインカムを通して脳天に届く。「雲の中は気流が荒れて危険だ、左に迂回して上昇を続けよ」。俺はこのとき思わず思う。海賊船の船長の指示を手下が聞くときの感覚ってこれ？と。思わず心の中で**どっひゃー!**となりながら「アイアイサー」と答えた。

眼前では、俺の密かな夢だった「のんちゃん雲に乗る」や「くじらぐも」は雲散霧消した。今は理科的な自然と大気の「雲」が俺の目前の現実として存在している。

でも、この雰囲気というか視野は良い。大型ジェット旅客機から見える雲は、新幹線の車窓からみる景色と同質の他人事的要素があるが、よたよたと飛ぶ非力な軽飛行機は、下手な動画映像よりも迫力がある。人生の中で一度は体験したい景色だがそうそうチャンスはない。

（※俺からの注　この文章を書いた二〇年後はドローンにより上空からの映像撮影は可能になったが、航空法上ドローンはこの高さを航空法上飛行できないとされていると聞く）

次回機会があるときはもっと味わってみたいものだと思っている。

俺は上昇計のみが気になり、あとは、目の前の雲を、文字通りよたよたとよけつつ、いくつかの雲を突破した。ふと眼下を見ると、そこには一面の海がコバルトブルーに広がっていた。鈍く反射する海面は、月世界のクレーターのそれに似ていた。

すぐさま、俺の頭の中に「高速度で海面に突入する物体は、コンクリートに突入するのと同様の破壊エネルギーを発生させる」といった科学の本の記憶が甦った。「落ちたら…死ぬな」と俺。不思議と恐怖は湧かなかったが、奇妙な切迫感は感じられた。

真下にココス島が見える。珊瑚礁に囲まれた実に美しい島だ。高度計を見ると四六〇〇フィートを指している。

いきなり「旋回」の天の声がインカムに響く

旋回計を見ながら、一気に「レフトターン」。バンク角三〇度、左足と両手が不思議と連動する。左側を見ると、左ウインドウにココス島。海上に幾つもの白い航跡が見える。レフウオータージェットスキーの航跡だ。コンパスが狂ったように方位を示そうと回る。レフトターンが一回転したところでいったん水平に戻し、すぐに「ライトターン」。今度は海面が右側面に。海面が右横顔にある種の圧力をもって感じられる。

　このとき誰かが「海は上空に向かってなにか、オーラ（妖気）のようなものを発信している」といったら俺はすぐに信じただろう。それほど上空から見る海は、ある種の魔力をすさまじく持っている。蒼く、青くさらに鉛色に輝いている。美しい。

　ココス島上空での旋回は俺の納得するまで続いた。大先生は、こちらから質問しない限りはほとんど指示らしい指示もしない。「お前の好きなようにしろ」という趣旨のことを言ったきり相変わらず、手は膝、足はペダルから遠い。もしもの時は助けてくれるんだろう？と俺はチラチラと大先生の様子を窺うが、のんびりした様子でシートに収まっている。

　大昔、俺が自動車運転教習所で初めて車の運転をしたときとは大違いだ。教習所の教官殿は、やれ「キープレフト」だとか「ハンドルは一〇時一〇分」とか微に入り、細かくご教授たまわり、ひどく閉口した記憶が俺にはある。しかし、あまり指示がないのも心配になる。仕方がないので俺から「旋回時、旋回計に合わすと高度の保持が難しい」と質問すると、旋回時の主翼に於ける揚力の発生の変異についての御講義をいただいた。要するにこれでいいらしい。

　やがて久しぶりに指示がくだった。「一五〇〇フィートまで下降、海岸線に沿って飛行、時速九〇マイルを維持せよ」というものだった。方位計、高度計、対地速度計、降下計を眺めながら、波打ち際の白い線の上を気持ちよく飛行。

高度が一七〇〇フィートを切ったあたりから機体に微妙な振動が始まる。それは高速道路で突然横風に吹かれた状況に酷似している。

たしか、第二次世界大戦映画「ザ・ロンゲストディ」（日本名はたしか「史上最大の作戦」だったと思う）ノルマンディー上陸作戦時のシーンでドイツ空軍メッサーシュミット２機が、上空から上陸するアメリカ兵を機銃掃射するシーンがあったが、こうやって同じ高度を飛ぶとなるとけっこう難しい。まず、飛行機が真っ直ぐ飛んでくれない。特にヨーイング（軸が進行方向に対してて左右に振れる）が烈しい。突然、数フィート落ちる。**どっひゃー！**

これにはまいった。

もっともドイツ空軍メッサーシュミットは映画でもあり、戦闘機は自動車で言えばスポーツカーみたいなもので、今乗っている軽飛行機は、まさしく非力な軽自動車ぐらいの差はあるのも事実だが。

ここで俺の教訓。空を飛ぶ鳥がいつどこを、どのように飛ぶかには理由があった。

答えは気流。実際に自然の摂理に従って鳥は飛ぶんだなぁということを実感した。

今回の振動の原因はあとで調べてわかった。あの日の天気。気温、気候、時間帯等により、海から陸に吹く風と、陸から海に吹く風が合わさる、海で言えば「潮目」のような状況が

どっひゃーっ

海岸線上空のあの高度で発生していたことが考えられる。もちろん大先生はそれも知っていて体験させた節がある。あのとき聞いておけばよかった、と俺は思ったがもう遅い。雲の中では不確定な要否があるが、安全な高度で視界のよい海岸線では、俺にとってよい「ガタピシ」体験になると判断したと推測するしかない。そのこと以来、俺は暇があると空ばかりみている。鳥がどのように飛ぶのか、それで気流がわかる。見えないものを見るとはこういうことかと、「むははは」と変に悦に入っている。

さて着陸。これは運。スロットルを絞り、フラップをフルダウンしても揚力が十分に得られない。操縦安定性は悪くなる。まして滑走路上に横風なんか吹いていたら、嬉しくて涙がでるくらい怖い。**どっひゃー!**マックスの状態である。

飛行場は風の吹いている方向から、揚力を得やすいように、離発着の位置を風向に合わせて変えている。このとき方位がいかに重要なことかと俺はしみじみと実感。航空機事故の殆どはこのときに発生している。大先生は「自分の良いと思うところでターンしなさい。」と一言。

自動車教習所と違い、バックはできないので俺は、真剣勝負。本当に繊細に、しかし、大胆に操縦する。アプローチの時間がスローモーション撮影のように長い。そしてよたよたと滑走路の端にたどり着く。滑走路上空数フィート。俺の人生においての初ランディングはストンと落ちた感じだった。「ふー」と俺。

その時、いままで見守っていた大先生、やにわにスロットルを目一杯引っ張った。**どっひゃー！**

エンジンは再び咆哮し、機は滑走路を全力で疾駆する。「プル　ナウ」の大先生の低い声に俺の体が反応し、テイクオフ。**どっひゃー！**はもうない。前回の離陸時よりはスマートに左旋回をしながら、空港周回コースに乗る。左手に空港を俯瞰しながら二度目のアプローチ。今度は余裕を持ってソフトランディング。誘導路からパーキングに移動する際、大先生はしきりに俺を賞賛。ここがよかった、この対応は素晴らしい等。

どっひゃー！なんでこんなに褒めるの。

今回の俺にとっての大教訓。日本とアメリカでは指導ということに対する考え方が違う。日本の先生は、まず精神訓話、概要、手順、法則、ルールときめ細かに教え、筆記テストをし、次の段階で実技となる。これが俺の、今まで日本で体験してきた学習過程である。

今回の大先生はこれとは違う。まず体験。その体験の途中でつまずいたり、学習者に躊躇が見られたりした場面で、最少限のアドバイス。学習者がもっとも合理的に理解できるシステム。このことは、シューティングレンジ（銃の射撃場）のインストラクターも、ウオータージェットスキーのインストラクターの場合も同じだった。

内緒の話、俺は出発前に軽飛行機操縦に関する本を数冊読了していたが、わずか一時間での実際のフライトで学ぶことの方が多かった。

航空機の操縦は、特に生命の危険を伴う場合が多い。しかしながら自由に、そして確実に身につく支援をいただいた米国人大先生に俺は感謝している次第である。

付記になるが、大先生はまったくなにもしていなかったわけではない。

着陸の例のように、不都合と判断した場合は、その場で直ちに反復練習させる。

また、後で知ったことだが、操縦に関しても、飛行機にはたいていトリムレバーがついている。これは、操縦系の各装置の反応度合いを調整するものだが、それはしっかり場面に応じて調整していた。基本的に自動車同様、飛行機も真っ直ぐ飛ぶように作られているので、おそらく上級パイロットになればトリムとスロットルさえ調整すれば、今回のような、まったくのひよっこでも無事空の旅ができるということを知った。

そうしたことも踏まえ今回の収穫は、
一、学習中の行動に学習者自身が責任を持つこと
二、学習者の主体性がすべての学習の基本であること
三、学習結果は学習者に帰結する

といった、アメリカ的学習方法をダイレクトに体験できたことである。もちろん沢山の**どっひゃー！**体験と一緒にではあるが。

教官、コーチ、インストラクターはあくまでも学習者を支援する存在だと云う事、そしてその黒子に徹することができるものこそが真のプロフェッショナルだということを実感したフライトであった。

（採録データー　『文芸たかだ』　２４８号　２０００／７掲載）

（※俺、まるんの注　この記事から二〇年経ち、日本の指導方法もずいぶん変わってきたことを付記する。）

まるんのラーメン談義

其の1　新潟編

ラーメン回想。（データーは平成になったばかりのころのもの、したがってここで、具体的店名を書いても移動したり閉店したりしている可能性があるのであしからず）

まずご当地新潟編から。新潟市四川飯店の光麺はカンスイを使わないで卵繋ぎなので絶品。トッピングの具がなにもないと怒ってはいけません。これを食べる人はチャーシューがどうだとか、シナチクがどうだとは言ってはいけません。仕上げのおかゆみたいな位置づけなんだから。まあこういう物がアルと言う意味では、基礎中の基礎だから。

上越市の目の前に広がる日本海に目をやって、佐渡。これは絶品物が多い。佐渡でおすすめなのは次の四店。

ふたみ食堂のチャーシュー麺。これは麺がいい。スープも無理がないところがいい。基本に忠実な正しいラーメンという感想をもった。以前行ったときは売り切れになっていたから挑戦したい人は早めにジェットフォイルに乗った方がいい。フェリーだと売り切れになってしまう。

寿司長三郎は寿司屋さん。おまけに鉄火巻きを頼んだら、いっぱい、いっぱいになってしまい鮑や海老までの体力・気力が消えた。醤油ベースがいい。

三光亭の座敷で食べるあっさり味のスープは格別。つるつるとのど越し最高。すぐ近くの上海亭もあっさり系。どうも佐渡はあっさり系が基本のようだ。いっそ佐渡ラーメンのブランドでもいいかなと思ったりした。

佐渡の上海亭に対して、上越には上海軒がある。これもあっさり系でネギの歯触りが印象的だった。上海軒は糸魚川にもある。これも煮干しの香りのするあっさり系。麺もしこしこ。

味噌ラーメンはどうなんだと言う人には菊味の味噌ラーメンは如何です?　パワフルですよ。味噌系の方はここは通過してほしいですね。

コッテリついでに能生にある旭楼ラーメン。これもコッテリ、でもうまい。話しは飛んで新井の蕎麦屋、杉村屋。この中華そばは是非食べて欲しい。元祖といったノスタルジックな気持ちにさせてくれる。俺は何度も足を運んだ。でもコッテリだったらやまだラーメンのパーコー麺。ロース様がどーんといらっしゃる。メンマも負けずに歯ごたえばっちり。でも牡蠣ラーメンは食べていないから、まだ未熟者だ。

妙高帰りには松葉屋のラーメン。もっとも妙高まで行ったら駅前のやおとく食堂の五目ラーメンもいいかもしれない。ラーメンの中に目玉焼きはあまり体験したことがない。

高田付近に戻ると、まず、駅周辺の上海。大きな品書きに圧倒された。あとは無難にオーモリかな。いろいろな店があるから食べ比べもいいかもしれない。荒川も油断がならない。食べに行くと混んでいたり定休日だったりと、なかなか食べられない。

話しは飛んで柏崎。そばよしには通った。デカチャーシューのオンパレードには脱帽。他に成来軒やヒグマ、北京などがある。

また今回のラーメンめぐりは街中にひっそりとあるラーメン屋を選んだ。従ってチェーン店のどさんこ系は敢えて省いた。また、奇を衒った、辛さとか味の濃さとか大盛りとかが売りの店も除いた。冒頭にも述べたがこのデータは平成元年の頃の上越市のデーター。そして此の話の元の文章は「文芸たかだ」（高田文化協会）に発表したものであるので地元志向の内容に成っている。これも冒頭に書いたが東京ではすでに「環状七号線ラーメン戦争」が勃発する１９９０年に遅れること１０年の頃の上越市での出来事。

ラーメン史的には次の位置づけとなる。そのころ、つまり１９８０年代まで、東京のラーメンはあっさりした醤油スープが主流の時代でした。そこに「東京にとんこつブーム」で殴り込みの「なんでんかんでん」（１９８７創業）。それ以来こうして、伝説の「環七ラーメン戦争が勃発」となる、しかし新潟県の地方都市上越市近辺ではこうしたラーメン屋群があったという記録。従《したが》ってもし残っているのなら足を伸ばしてみては如何かな。


（採録データー『文芸たかだ』　喰らう　ラーメン編２６９号　２０００掲載）

2

海

〈漁師編〉

今回は、海の話だ。昔、友人M氏の実家に世話になったときの話だ。

M氏の義父は伊豆半島のHという漁村で人生の大半を過ごしている。一方俺はたぶん、江戸時代であれば山賊の子孫として、北関東の野山を渉猟していたかもしれない。それほど先祖代々海には縁の無いルーツであり、それはM氏も同様であるからである。はっきりしていることは、俺もM氏も高校入学時泳げなかった。そのM氏が、賢妻を伊豆半島のHからもらい、そこに、のこのこついて行った俺は文字通り異文化を体験することとなる。

Hという漁村が歴史に登場するのは、江戸時代末期である。ペリーが浦賀にやってくるのはあまりにも有名だが、それ以前にロシアの軍艦ディフナ号に乗船し国交を求めたプチャーチン提督（ペリーのロシア版）の存在がある。そのディアナ号は折しも安政の大地震の津波により航行不能になる。その修理のためH港に回航し修理することとなるが、不運にも途中で嵐に遭い駿河湾内に沈没する。百数十年前の話である。

安政の大地震がなかったら、日本の外交は新たな局面になっていたかもしれない。このことについては「ペテルブルグからの黒船」に詳しいが、いずれにしろ、日本で初めてのキール（竜骨）を有した洋式帆船を、当時の制限された環境の中で「日・露」、「官・民」の複合集団によるプロジェクトチームで完成させたことは、混迷する現代社会の教科書になるかもしれない。

さて、Hという港では「トロール」と「巻き網」、「こざらし」などの漁法がおもなようである。以下伝聞と体験を中心に語ることとする。

かつて猟師というと、ねじりはちまき姿に一升瓶を片手に、と荒っぽいというイメージがあったが、M氏の義父を取り巻く漁師集団はまったくこれを覆す異文化であった。M氏の義父は酒は飲まない。飲んだとしても三五〇ミリの缶ビール一本である。半分飲むともう真っ赤になっている。

俺は、五トン程度の小舟を操り、輝く太陽の下、赤銅色の肉体が躍動する男の世界をイメージしていたが、全く異なった状況を体験した。M氏の義父は船を二隻所有していた。一隻はまさしく、前述のような自家用船であり、もう一隻は巻き網漁業用探索船である。

巻き網漁業は網船である母船を中心に、運搬船、探索船のチームで構成されている。M氏の義父の船団は母船1、運搬船2、探索船1の四隻からなる。かつて俺が乗船した、遊覧船程度の大きさの探索船は、見た目は普通の漁船であるが、ブリッジの中はすごい。本当に**どっひゃー!**である。どうすごいのかというと、モニターである。いわゆる家庭用大型テレビが五台から六台置いてある。大小はあるが、少なくとも三台はでかい。お茶の間のものより大きい。それらは三次元ソナー（水中を三次元で映し出す装置）であったり、GPSプロッターとも言うロランプロンプター（自船の位置を表示する装置）であったり、レーダーであったりする。カーナビの大親分とパソコンのCRTと大型〇Kテレビが、所狭し、と並べられていると思えばよい。それらが、真っ暗なブリッジでイルミネーションのように美しく輝く。

暮れから出航する船団はある種の感傷を誘う。かつての帝国海軍の艦船の出航に伴う軍艦マーチの見送りや登舷礼（海軍の儀礼礼式のひとつ。乗組員全員を上甲板の両舷に整列させて、船外の相手に敬意を表すもの。貴人の送迎や特別の出入港に際し行う）はないが、薄暮に出港する船団は、大自然の風景にかっちりとはめ込まれ、一幅の水彩画になる。

見送りのかわりに、カモメが何羽もエスコートしてくれる。

乗組員の皆さんにとっては、日常の一コマに過ぎないことも、エトランゼの俺には、ひどく新鮮な風景だ。海面から数メートル、（二階から三階程度）の高さにある、ブリッジからは、カモメの飛行高度が真横またはやや下方に見える。夕映えの富士山をバックに陰影をつけたカモメのシルエットが実に美しい。これが外洋ではイルカも伴走してくれるという。

程なくして夕食。揺れる船の中で鰹だしのたっぷりきいたうまい味噌汁と刺身。**どっひゃー！**悶絶するくらいうまい。こんなうまい夕餉はかつて体験したことがない。特にイカの刺身は最高。採れたてのイカの刺身なんか、海無し県育ちの俺には経験がない。鰹の刺身も同様。それに伊豆の生わさびをおろして食す。**どっひゃー！**美味この上なし。もし、美食家を自負する方がいるならば、俺は迷わず漁師になることを薦める。なんせ食材がめちゃくちゃ新鮮な上、豊富にあるのだから。

船長に聞くと、こうした船にのる漁師の最初の仕事がコックであり料理作りだそうだ。乗組員はみんな舌が肥えているから、いやでも腕が上がるそうだ。

駿河湾の街の明かりも見えなくなる頃、漁ははじまる。

文字通り電子戦の様相を呈する。それぞれのモニターにはイージス艦の戦闘指揮所のごとく刻々と海面下の状況が表示される。三次元ソナーの威力は絶大である。海面下の状況が水深ごとにリアルタイムでカラーで表示される。本当に海面までの様子が手に取るようにわかる。いくつかの影が現れるが、ブリッジでは終始無言。時折無線が入る。

無線は、UHF・VHF・HFと様々であり、それぞれ複数以上装備されている。各無線機のマイクはゴム紐でブリッジ天上からつり下がっており、エトランゼの俺には判別つかない。母船集団とのコミニュケーションツールである。俺もアマチュア無線技士の資格をもち「JP1J…」のコールサインを持っているからわかるが、どっひゃー！こんなシャック（無線通信室）はみたことがない。マニアの一〇倍のポテンシャルだ。おそらくリグ（無線機）は見ていないが、営業用だから最低でもアマチュア無線の一〇倍以上の出力があるんだろうなと漠然と考える。

はっきりしていることは、第三者がこの母船集団の通信を傍受しようとこころみるとき、全部の種類の無線機とそれぞれの個々の周波数を特定することは、「6のなんとか乗」くらい困難なことであると云う事ぐらいは理解できた。これは、無線を傍受する他の船団への情報漏洩を防止する目的だということは理解できているが、そんなことは船長には聞かない。もっとも、何種類かある、レーダーの一つのレンジをあげれば他の船団がどこで仕事をしているかは、一目瞭然であるが…。

漁の方法を説明しよう。巻き網漁では通常、探索船（二隻以内）が先行し母船と三点測量の要領で魚群を見定める。そして、漁労長の判断で投網を決定し漁を行う。投網は何度も出来ない。漁労長の責任重大である。海軍のことはよくわからないが、いくつもの船を統べるという意味では、アドミラル（提督）にあたるポジションか。

漁労長について、もう少し記す。漁労長は司令官で、どの間合いで網をいれるか決定する。先にも述べたが、網をいれて、回収するタイミングと運搬船の水揚げする市場との距離、水揚げの予想金額とを総合して決定すると推察する。漁労長乗船の船でないためか、本船のブリッジに緊張感はないものの、あれこれ質問する空気もないため、みなさん同様沈黙して時をまつ。

ブリッジの中は四畳〜六畳位か。なんせ色々なメーター類や機械、無線機、モニターとしてのテレビのような表示装置が沢山あるので実際の大きさはわからない。

操舵室の中で4人から5人余裕を持って立てるスペースはある。ブリッジ中央に六寸角、高さ1.2〜1.4メートルほどの金属製の柱があり、そこには左右に赤と緑の直径3センチほどのボタンがつけられている。これが操舵装置だという。ボタンを押して船尾の舵を動かす。最初ブリッジに入ったとき違和感を感じたのはこのせいだ。船と言ったら操舵室につきものなのが、海賊船に代表される大きな舵輪だ。海賊の船長が手下にあれこれ指示して、手下がぐるぐる回す、アレ。周囲には取手が付いている大きな操舵輪。

どっひゃー！「あれ」がない。その代わり金属製の柱にある赤と緑のボタンおして舵を動かす。現代的と言えばそうだが、なにか味気ない。そのすぐ前にテレビ画面のような表示装置がある。**どっひゃー！**これがロランプロンプター（ＧＰＳプロッターやオートパイロット）。単純に船のカーナビならぬシップナビ。

（※ロランプロンプターについて俺、まるんの注…単純に言うと自動航行装置。今では普通に車やスマホで地図を表示してどこにでも行けるが、当時はそんな便利な装置はなく、紙の地図を持って迷子になったりしながら徘徊していた。ところが、船ではもう、そのころに位置を入力すれば、自動でその場所に行ってくれるシステムが実用化されていた。）

これは今から三十年前の漁船の話。２０２０年も間近なのに自動運転の車はまだ一般化していない。漁船という**どっひゃー！**の異文化世界。

ロランプロンプター（ＧＰＳプロッター）の画面には相模湾の湾岸線がくっきりと示される。勿論、拡大・縮小は可能だ。それと出港からの航跡が示される。画面を見て行き先をセットすれば小学生でも母港に帰れる。もっとも接岸だけは本職の手が必要になるのは当然である。**どっひゃー！**のシステムだ。

そのロランプロンプターの画面を囲むように三台の大型スクリーン、ロランプロンプターの横には見覚えのある、円の中を光の針がぐるぐる回るレーダーがあり、近くの船を表示している。このレーダーも三段階切り替え方式だそうだ。遠・中・近の三段階と聞いた。そのレンジも聞いたが、先に述べた大型スクリーンに興味がいってしまい、残念ながら失念した。三台の大型スクリーン、これは三次元ソナーとのこと。三台あるのは、浅い海面下。中間の海面下。深い海底面近くと三段階に分けて魚を探すのだそうだ。それを母船も含む二隻～三隻で魚を探す。つまり二点測量・三点測量の要領だ。そんな測定のされ方したら、海の中が丸裸になってしまう。おまけにロランプロンプターで位置もバッチリ記録されてしまう。**どっひゃー！**この近未来のような現実世界。

後日談だが、別の船団が三陸沖で操業中、かなり大きなエコーを確認した。動きがマグロに似ていたという。マグロは泳ぎながら睡眠をとるのだそうだ。時には数秒で２００メートルくらい潜ったりする。船団はその強力なエコーを追尾し、いよいよ漁をと思ったとたん物凄い速力で船団から離脱していった。その段階で船団は、このエコーはマグロの密集団でなく、高速小型潜水艇であったことを認識したという。笑い話のような実話である。題して「潜水艦を捕まえようとした船団」ということになろう。もちろん国籍は不明であるが、日本の近海で高速小型潜水艇などという物騒な代物を放っている国は米露ではないことは確かである。

一九九八年一二月に対馬沖で韓国海軍によって撃沈された「新型半潜水艇」はアメリカ、マーキュリー社製三七五馬力のエンジンを三基搭載しており水上速度五〇ノットという海のF1なみの性能を有している。全長一二・五メートル。マグロにしては大きいと思うが。あの、広い海のことだからそうした間違いもあるかもしれない。

これらはレーダーとソナーの上での出来事である。船団のブリッジからは目視されていない。モニター上の出来事である。生活をささえる漁船と、海の最高機密にかかわる新型潜水艇のミスマッチに興味を持ったので、どっひゃー!実際にそんなことがあるのかと調べてみたら一九七八年六月に韓国江原道沖で秋刀魚網に引っかかってユーゴ級(70トン)が捕獲されたという記事を見つけた。また、サンオ(鮫)級小型潜水艦が全長三四メートルで鯨に間違えられるという記事もあった。

俺は、ここで国際軍事問題を述べるつもりはない、ただ、普通の漁師が通常の漁の中でそうした状況があるという話しに妙な現実感を持った。日常の中の異文化。

さて鰯漁は、網船である母船から集めた鰯を探索船に付いているロボットと呼ばれているバケット部分が網状になっているアームを操作して、運搬船の船倉に文字通り「がばっ」とすくって「どどっ」と移すのであるが、かなりの重量がバケット部分にかかるため、探索船は大きく、大きく傾斜する。三〇度も傾くとブリッジにいる人間には、「どっひゃー！このままひっくり返るのではないか、転覆するんじゃないか」と恐怖心が湧く。戦争体験はないが、ここは今、「戦場だ。」（「船上だ」にかけたわけではなく、笑うところではありません）。四方が漆黒の闇の中、真昼のように明るく照らされた甲板上で繰り広げられる戦い。ひっきりなしのスピーカーからの指示、多くの船のエンジン音、怒声。運搬船も喫水線が下がる、甲板にはおもいっきり新鮮な鰯があふれ出る。「どっひゃー！刺身にしたらうまいだろうなあ」などとブリッジから一人別のことを考える。中には鮫もいる。見たことのない魚もいる。文字通り鰯の洪水であるが、世の中よくしたもので、カモメがちゃっかりいただいていく。「アレー、鳥って夜、目が見えないんじゃなかったっけ」という疑問も目の前での現実を目の当たりにして「鳥も生活かかっているんだなあ」という考えに落ち着く。これは、港の水揚げ時も同様の感想をもった。ただ、鳥がバケツを持ったおばさんに替わっただけのことである。おばさん達は荷役からこぼれた鰯をバケツに拾い取り。一輪車（ネコ）やリアカーに移していく。どっひゃー！これは資源の有効利用以外の何者でもない。多くの食卓に新鮮な鰯が載るだろう。

運搬船は大量に鰯を満載し順次港に向かう。市場での「競り」の順番は、船が港についた順番だという。だから運搬船は全速力で港に向かう。探索船にも鰯が積まれる。満載である。だから喫水線が下がる。漁が終わり、増速して先行した運搬船の後を追う。深夜のため肉眼では見えない。レーダー上一二時の方向に点々と先行する運搬船達僚船が見える。

後で聞いた話だが、一番危ないのがこのときだという。特に明け方の日の出前の一瞬が一番危ない。眠くなる。俺もかなり眠かった。漁師同士の酒席に同席したとき、海難事故が話題になった。みんな口を揃えていった「ねてたんだら」（伊豆地方の方言。寝ていたんだろう）。

確かにブリッジに立っていると、先ほどの戦場のような喧噪とは打って変わり、無線での交信も殆ど無い、静寂の中の快い揺れは、睡魔以外の何者とも友人になりそうもない。当然ブリッジには複数のスタッフが詰めることは決められているが、そうでないときもあるだろう。「明け方の船には要注意」ということか。レジャークルーズしかしたことのない俺には此の時間帯は縁がない。

単調なエンジン音とほどよい揺れの中では睡魔と戦うには相当の強い意志が必要である。

鰯をロボットですくい上げる時のあの、三〇度にも及ぶ傾斜について、帰りのブリッジ内で俺は質問した。「ロボットで作業していたとき、ずいぶん傾いてびっくりしましたが、船って転覆することもあるんですか?」。

俺の期待した答えは「いや無い」、「大丈夫、安全だ」であったが、返ってきた答えはこうだった。「あるさ」の一言。**どっひゃー!!!!**こともなげに答えられてしまった。眠気が一気に吹き飛んだ。

「板子一枚下は地獄」とはよく言ったもので、海に落ちれば助からない。まして船が沈めば……。まさしく命がけの仕事である。最近でも△△沖で漁師二人が行方不明とか、○○丸が消息を断ったとかいうニュースを聞くたびに胸が痛む。

俺が乗船した時も一隻の中型漁船が、左前方から接近し、進路を横切ろうとしている。**どっひゃー!**違反である。すかさず、ブリッジ上部に設置された強力サーチライトで相手船の船名を確認し、相手船のブリッジを照らし、こちらが保持船であることを主張する。しかし、何の反応もなく眼前を横切ろうとするため、やむなく減速。違反船をやり過ごす。たぶんこれも「寝てたんだら」組だということになろう。

海の法律、「海上衝突予防法」等によれば、船は二種類に分類される。〈保持船〉と〈避航船〉である。二隻の船が海上で出会ったらどちらが避けるか決められている。

〈保持船〉はそのままの進路と速度を維持することになっており〈避航船〉は〈保持船〉の進路を妨害しないよう進路や速度を変えなければならない。

夜間でも識別できるように、船にはブリッジ両側に標識灯が設置されている。一方が緑、一方が赤である。船を真上から見てそこに時計盤を重ねて見るとよくわかる。短針の位置で確認しよう。船首を一二時に合わせると一二時〇〇分から三時三〇分が「緑」。三時三〇分から八時三〇分が「白」。八時三〇分から一二時〇〇分が「赤」に見えるようになっている。そのほかにマスト灯として全周灯がある。飛行機も両翼の翼の先端の色が違うから確認されたし。

さて、そんな豆知識ではあるが、夜の浜辺で愛を語り合う場面があったら、ちょっと気をつけて沖の船を見てみるといい。つまり緑と白の舷灯を確認できれば、その船がどちらを向いているかが分かる仕組みである。まぁ、そんなことに夢中になっていると、知らぬ間に横にいたはずの彼女は消えてしまっているかもしれないが……。余談はさておき、「緑」の舷灯が見える側の船が〈保持船〉であり、「赤」に見える側の船が〈避航船〉である。今度、港で船を見かけたら一度確認されるといい。ちょっとした物知りになった気がする。（海事関係のみなさん、こんな当たり前のことを物知り顔で言ってごめんなさい。俺は小型一級しか持っていません。）

別の機会であるが、昼間、俺とM氏、M氏の義父と長男と四人で駿河湾に漁に出た。これは、販売目的ではなく、プライベートな漁であるが、富士山がくっきり見える穏やかな日であった。駿河湾は凪の状態で伊豆の山々に囲まれ、まさしく絶景といえる日だった。巨大な伊勢エビ、鮑、蛸などを積み込み、帰港すべく、ある岩場を過ぎたあたりから急に天候が怪しくなった。うねりが出てきた。長さ十二メートル以下の動力船はうねりに合わせて上下する。二メートル程度の上下動である。M氏の長男は喜んでいたが、俺は**どっひゃー！**と青くなった。

M氏は平静と見えた。勿論、M氏の義父は平然としている。この程度は何でも無いという。しかし、舷側よりも上、つまり自分の水平目線より上に海面があるというのは気持ちのいいものではない。文字通り海面を見上げるという状況である。

昔アメリカ映画で「パーフェクトストーム」というものがあった。あんなことは映画だけだろうと思っていたが、身近に同様の経験者が多いこと多いこと。

漁師の酒席は、エトランゼである俺には実に興味深い。

嵐の前はよく魚がとれるのだそうだ。大気の前線の移動は海面にも影響をおよぼす。回遊する魚はそのことを敏感に感じて回避するという。酒席では◯◯ヘクトパスカルの台風が△△の位置にあるとき、方位◯◯の所の等圧線××の部分が最も獲れると経験を語ってくれた。周りの漁師も同意していたので、たぶん漁師の世界では常識なのであろう。

ところがこれも「舌切り雀」の説話にある通り、「欲張ってはいけない」そうだ。暴風雨接近三〇分前がベストタイミングだそうで、どのタイミングで暴風雨から離脱するかが生存の分かれ道とのことである。この時間は台風の大きさ等条件によって異なるという。巻き込まれたら悲惨の極み。葛飾北斎の富岳三十六景「神奈川沖浪裏」の状態になる。

船倉には満載した魚、下がる喫水線、遅い船足、高い重心とどれをとっても好ましくない条件が揃う。大型遠洋漁船でもマストを越えるうねりは、同席の皆さん一様に怖いと言っていた。**どっひゃー!**ということはみなさんが修羅場を数多く体験しているということであろうか……。そうした一連の話の中で大勢集まった船長さんたちの中のある一人からこんな話をきいた。

それは「乗組員に対して情報はむやみに流さない」ということだった。なにやら、今の情報開示の時代に逆行するような内容だが。こういうことがあったらしい。

その船長が、船長になる前のことである。「欲張りばあさん」状態となり、このままでは台風から逃げられず暴風雨圏内に巻き込まれるのは避けられない状況になってしまった。そして、このことを全員に知らせた。全員で一致協力して頑張るようにという趣旨であったという。ところが、新人や結婚したての若い乗組員は「もう、俺たちは助からない」

どっ
ひゃーっ
まぐろ

と自棄を起こし、自分たちで酒を出し泥酔してしまった。彼らは経験が浅いからなのか、責任感が薄いのか、無知からくる恐怖なのか分からないが、とにかくクルーとしては使い物にならなくなった。非常時こそ全乗組員が力を合わせて立ちむかわなければならないときにそういう事態に立ち至った。

幸いその船は、文字通り困難な状態であったが、なんとか無事に乗り切ることができたという。泥酔組がたっぷり叱られたのは当然で、それ以後その船は船員に対して情報をコントロールするようになったという。もちろん「欲張りばあさん」より安全第一操業になったことは言うまでも無い。

漁師とは、最新テクノロジーを駆使しつつも、体を張った真剣勝負の職人集団という印象を強くもった。

「競り」が始まった。水揚げ総額は約百万になったというが、燃料代や船団維持のランニングコストで、同額が船団一晩の航海で消費されるため、実利益がでるか出ないかのラインだという。俺は、その労力とエネルギーの対価としては驚きを覚えた。それはそれとして、あの大量の鰯の行方について、若干の疑問を持った。二～三匹ずつパックに入ってスーパーの店頭に並ぶものと想像していたが、**どっひゃー！**なんと、全部畑の肥料になるという。

「ひ、肥料、あー、新鮮な鰯が……もっ、もったいない」の一言。

社会経済の構造なんだろうが、なんだか虚しさを覚えた。競り落とされたものの行方についてはとやかく言えないが、日本はこんなことをしていてはいけないと思った。

せめてもの救いは途中でカモメに食べられた鰯、おばさんに拾われた鰯があることだろう。たった一晩の乗船体験であったが、何か大切なものを考えさせられた航海であった。


三十数年前の体験である。

現在は乗船した探索船もすでにない。網船である母船は、百数十年前のディアナ号と同様、駿河湾の海底に静かに横たわっている。

安全第一を考えて、嵐を回避している最中のことだった。母船が突如海面から姿を消したという。俺と一緒に航海した数名の乗組員とともに…。沈没までの時間は二〇秒とかからなかったと二名の生存者の証言。その日の海は穏やかで海面にうねりひとつなかったという。決して操船ミスなどなかったと乗組員はだれもが信じている。なぜなら命がけで漁をしてきた仲間同士に存在する、根底にある厚い信頼感があったから。しかし、海難審判の結果は操船ミス。沈んだのは事実である。それも突然に……たとえ命をかけた鰯が、畑の肥料になろうとも、真剣勝負で生きてきたという連帯感だけが、なにか真実のような気がする。

回転寿司のカウンターで鰯の皿を取るたびにこうしたことを思い出す。

（採録データー『文芸たかだ』２５１号　２００１／１掲載）

まるんのラーメン談義

其の2　新潟以外の国内編

北海道では札幌のラーメン横丁へ行った。札幌まで行ってラーメン横丁に行かなければと必死の覚悟で行列の出来ている店へと向かった。ずいぶん待ってやっと口にできた。感動するほどでもなかった。そこで、もう一軒はしごをした。ここも行列ができる店だったが。「それほどかなあ」という感想をもった。安ホテルに帰るタクシーで、ドライバー氏に素朴にその感想をぶつけてみた。ドライバー氏曰く、「お客さん、あそこは観光客用ですよ。本当にうまい横町は別にあるんです。」

俺はそれを聞いて「・・・・・・・・」絶句。タクシーをその横町に廻してもらった。そこはイメージ通りの横町だった。俺はそのうちの一軒に突入した。確かに雰囲気はいい。しかし、しかし、しかしだ。既に二杯のラーメンを完食している俺には限界だった。うまかったような気もするが、雰囲気だけのイメージしか今は残っていない。今度は体調を整えて挑戦しようと思っている。

さて、北海道と言えば旭川。旭川には三度行った。旭川ラーメンを食そうとしたのである。札幌の二の舞にならないようにリサーチして情報収集に努めたり、市内を車で走り回って目視で確認したりして見つけた。二〇世紀のころである。今（2019）の時代のようにスマホで「ラーメン・旭川」なんて検索することはとうていできない時代だった。

そして見つけた何軒かに入ったが、残念ながら納得するような旭川ラーメンに出会っていない。代わりに「豚丼」の方が記憶に残っている。「ぶた丼うまかったなぁ、旭川」。

さらに北海道では秘境、日本国最東端の知床半島。そのラーメン屋のラーメンを制覇した。ここはちゃんと葉書大の「ラーメン食事証明書」もいただける。たしか「馬鹿ラーメン」といったラーメンで、チャーシューが「馬鹿」なんだとか。つまり「馬鹿」だから「馬肉」と「鹿肉」のチャーシューとなんだと勝手に錯覚していたら「海馬」と「熊」のチャーシューとのこと。びっくりした記憶がある。そのラーメン屋は羅臼よりももっと奥にある。本当の北海道の最東端の店。地図上でも、実際の現地でもその店の東側には道がない。本当にない。海岸の石の浜には、信じられないくらい大きな昆布が広げられていた。

浜一面の巨大羅臼昆布。


ちょっとここで本州にもどって、喜多方ラーメン。一泊二日の小旅行で七食食べた。さすがにはしごラーメンでの二杯目はきつい。

早朝、店の外の長くない列に並んでいるとき、すぐ後ろにいた地元の方と思われる、おじさんが話しかけてきた。

「おたくたち観光かい。」

観光客がなんでこんなところにいるのという口ぶりだった。

「ここのラーメン有名なのでしょ。いつもこんなに混んでいるのですか。」と問いにならない質問をすると。

「そうよ。」

と、小柄な、五十がらみのおじさんは答えた。俺はすかさず
「地元の人は朝からラーメンですか。噂では三食食べる人もいるっていうことを聞いたのですが。」

おじさんは列に並びながら
「うーん、まちの人が全部そういうわけではないよ。でも毎日じゃあないが朝昼晩食べる人はいるなぁ。俺の場合、そういうときは、朝は軽く薄味の塩ラーメン。昼はあっさり系の醤油。夜は飲んだ後はチャーシュー麺ってとこかな。」

俺は**どっひゃー!**と驚いた。

うわさはほんとだった。

で、詳しく聞いてみると次のようなことだった。仕事の関係で忙しい時には、朝ラーメンを食

べることもある。その店は常連さんが多いようで、俺たち一行以外はみなさん顔見知りのようであった。雑談の中に朝のひとときがあった。

後日談になるが、喜多方には色々な店があるようで、営業時間がずれていたり、同じ喜多方ラーメンでもあっさり系からコッテリ系まで色々な店のバリエーションがあるそうだ。なるほど、そう大きくもない町で、多くのラーメン屋が共生するにはこうした方法もあるのかと感心したりもした。もっとも、工場で喜多方ラーメンブランドを大量生産しているのも現実なら、そうした生活に密接に関連した、喜多方で生活するラーメンファンがいるというのも事実である。話が出来たのはこのおじさん一人だけだが、三食ラーメンを食べるというのは**どっひゃー!**と衝撃すら覚えた。

3

陸

〈猟師編〉

俺の話は、空、海ときたから、今度は陸について話そう。

M氏の家に久々に遊びにいったら、ご令嬢、小学校五年生が宿題ということで「だいぞうじいさんとがん」という物語を朗読していた。俺が小学生の時に教わった記憶があるので、ずいぶん昔から教えているんだなあとM氏の帰宅を待つ間、応接間で台所から聞こえてくる朗読を聞いていた。子供が家で本を読むということは内容理解がどうのこうのというよりは、何かほのぼのとした気持ちにさせてくれる。ただ、朗読はなるべくうまい方がいい。子供の親への読み聞かせというのもあってもいいような気がする。親への精神安定剤のような効果という観点である。そうした観点に立って、音読の家庭学習課題を小・中・高の先生に宿題として出していただきたい。

さて、今さらのように気づいたのだが、「だいぞうじいさん」は猟師だったのかということだ。たしか、前の年の朗読での「ごんぎつね」に出てくる兵十も鉄砲をもっていたっけな。などという思いがでてきてしまった。兵十のものは火縄銃であったようであるが、だいぞうじいさんはどんな鉄砲をもっていたのだろう。

鉄砲といえば、最近の通学電車の中で、五年生くらいの男子同士の会話を耳にした。「俺のグロックは凄いんだぜ」「俺だってガバメントもってるぜ」（カタカナ部分は銃の名前）なるほど、一昔前はモデルガンという金属製の模型の銃が流行した。最近の小学生の男の子はモデルガンでなくプラスチック製のＢＢ弾を発射するエアガンを持っている場合が多い（※俺、まるんの注…現代では18禁・10禁と年齢に応じて所持できるエアガンが制定されているが、話ている当時は制約はなかった）そんな環境で五年生の男の子が、教科書教材から銃に対して興味を持つことはないだろうか？このことが今回の異文化体験報告3を話す動機となった。

「じさま・じいさん」という響きには日本人にとって特別なコードが内包されているのだと思う。「モチモチの木」（小学校三年生）であるがここに登場する「じさま」も豆太と一つの布団で寝ていると言うし、豆太を背負った医者も高齢である。女性は登場しない。老人と子供の男の世界である。考えてみれば「ごんぎつね」にも女性が登場しない。不思議だ。もっとも他の教材は女の子も多数登場するが、この猟師系統はなぜか少ない。

さて話題を戻すと火縄銃と言えば、一五四三年に日本に初上陸。「種子島」という名の二丁の銃と社会科では教えている。別の資料によると、天文一二年三月二五日に種子島に漂着した鉄砲は二丁、その後日本は五〇万丁という世界有数の鉄砲所有国になったとされている。

つまりねずみ算式に増えた計算になる。鉄砲算とでも言うのかもしれない。

当主、種子島時尭が二千両、現代の価値に換算して約二億円で購入したとされる銃は、あたかも魔法のように増殖する。しかし、資料を調べてみると魔法ではなく「歴史の必然性」という見えない意志に導かれていることが感じられる。**どっひゃー!** の歴史的な発見である。

すべての歴史が教えているように一つの流れが発生するにはいくつかのステップが存在している。

以下、各種情報や参考資料を元にして俺、まるんが三段階に歴史を再構成してみた。俺の頭はあっちこっちの情報の寄せ集めなので特に具体的に出典で明示しない。

「歴史の必然性」の三ステップは以下の通り。

一、種子島時尭の先見の明
二、根来寺
三、根来と堺の業務提携
　では、早速
　第一段階、種子島時尭が当主をしており、鉄砲の価値を見いだし二千両で購入した。種子島は森林と砂鉄の豊富な島だったという。従って古代から製鉄り基礎技能のある職人がいたということと。そして、金兵衛は密封が可能で取り外しが出来るねじを開発。遠い記憶では螺旋の切り方が逆だったと記憶している。その情報を得るため、例によって娘を差し出すという自己犠牲によってもたらされた技術ではあるが・・・
　第二段階、津田監物らの関わりの中で、七十万石の根来寺にたどり着く。根来衆(ねごろしゅう)と言えば、黒衣の武士団。傭兵集団である。武装寺院といってもいい。映画「もののけ姫」のジゴ坊のシンジゲート「からかさ連」のモデルである。宮﨑駿はくわしく説明していなかったが、傘をさすのは火縄や火薬を濡らさないためと考えれば容易に理解できる。根来寺の勢力の大きさは二十五年以降の一五六六年のイエズス会「日本通信」を見れば容易に推察できる。メルカトル図法の日本の位置に大きく「ネグラ」の文字が記載されている。俺がこれを発見したときは**どっひゃー!**となった。他の文字はない。確認されると驚くと思う。

第三段階、大量生産の時代である。堺出身の芝辻清右衛門らが流通システムを確立した。今で言う「セット販売」の段階である。弾と銃と火薬をセットで売り出したのである。根来と堺は業務提携し、鉄砲一丁は九石(一石は二・五俵。一俵の現在の値段では一万五千から新潟魚沼産の高い米で三万円。つまり三十三万七千五百円〜六十七万五千円)。流石、堺の商人、ビジネスチャンスは逃がさない。商魂に対して**どっひゃー!**と思う。

(※俺、まるんの注…この話をした当時の価格(平成十三年当時)までの価格提示をした。ユーザーは大名であることは言うまでも無い。)

俺は一石の現代価格と比較してみて火縄銃の価格が、現代の散弾銃の価格とほぼ一致するので**どっひゃー!**と驚いた。販売方法も似ている。なにやら、いつの時代も同じような気がしてならない。車を買うにもナビセットA・B・Cはあるし、パソコン買ってもいらないソフトがついてくる。昔も今も同じと云う事か。こうした人類の欲望をベースにした、**どっひゃー!**の「歴史の必然性」の法則に従い、人間の欲望がやがて日本を統一する。

時代は下り、欲望は世界征服へと突き進む。そして淘汰される。この部分だけでも、何やら意志をもった一つの流れのような気がしてならない。目に見えない「歴史の流れ」という異文化。「歴史の必然性」という大河の前に呆然とどっひゃー!と立ち尽くす小さな一人の人間、俺、まるん。

戦いが、個人戦から集団戦へと移った中世。大量配備・工業力と経済力を獲得した者が地位を得て支配者になる物量戦の時代の到来。そして情報戦、やがて中世が終わり、自然淘汰の結果五、六千の領主が二百五十名程度に収束するという「歴史の流れ」に突き進む。

その昔「稲妻のような光。雷鳴」と鉄砲に驚いた日本人だったが、すぐにその用法を見い出し「心をただす・片目をつむる」とした武士道?としての「○○道」のような精神修養としてのレベルにした。そして短期間で兵員強化につとめ、最終的には工業戦力戦の状況をなしたとされている。そして日の本の国(日本)は世界有数の銃保有国になる。ああ、中学校の時、もっとこうした意味で学習していたら、きっと秀才と呼ばれ、もっと平坦な人生だったんだろうなあと思い、知り合いの中学校の先生に頼み(M氏ではない)、社会科の先生用の資料。(「新編新しい社会　歴史　教師用指導書」東京書籍)をみせてもらった。

結構便利なもので色々書いてある。それによると「火縄銃」とは次のようなスペックのようである。(百八十九頁)

・口径は一八ミリメートル程度。
・弾丸は鉛玉、火薬も弾丸も筒の先から入れる。
・着弾距離……最大射程七百メートル。しかし三百メートルあたりではかすり傷程度。百メートルくらいが最も有効。
・発射テンポは、熟練した人で一分間に四発程度。

ということだ。火縄銃自体は、博物館の展示ケース中のものを外から眺める程度の接点しかないが、俺はこの、「口径一八ミリメートル」に反応した。「おやっ?」と思った。それは現在狩猟界で広く使用されている銃の口径は一二番口径という。「平筒」の場合の標準寸法は「直径一八・五ミリ以上」となっている。(「猟銃等の取り扱いの知識と実際」警察庁生活安全局銃器対策課監修、六三頁)。

一番が一ポンドの純鉛球の直径の長さをいい、一二番というのは、その一/一二ポンドの直径の長さを言うことになっている。

ここで、少し、現行の散弾銃の弾丸について説明しておくと、同じ一二番の弾でも、一発である「RS(スラック・これが火縄銃の弾と同じ)」(イノシシ・熊用)から、仁丹の粒のような直径一・七五ミリの細かい弾が薬莢の中に約一〇〇六粒入っている「一〇号」(スズメ用）まで、およそ、一五種類が用途別にある。

（※俺、まるんの割り込み豆知識。……戦艦大和も三式弾という飛行機打ち落とし用の散弾を搭載していたことはご存じか。）

それらがさらに、銃の薬室の長さによって分類され、軽装弾（三〇グラム以下）、標準装弾（三二グラム前後）、強装弾（三五グラム以上）、ヘビーマグナム（三八グラム以上）などがある。従って、火薬の量も種類も機関部の構造も、閉鎖性も異なる散弾銃と火縄銃を同一で比較することはあまり意味の無いことかもしれないが、火縄銃の特性がわからないため、俺が日常的に使用している散弾銃であてはめて考えることとする。

前述の火縄銃のデーターと散弾銃のデーターを比較すると面白いことがわかる。（火縄銃データーは前掲参照）最大到達距離七〇〇メートル、最大有効射程距離一〇〇メートル。つまりデーター的には火縄銃と「ＲＳ（スラッグ弾）」は数百年後の現在でも、ほぼ同等の性能と言える。

これは、火薬の量、弾丸の質量など基本的条件が近似であれば、物理の法則は変わらないということか。ここにもまた、時代を超える異文化をみた。

おそらく初速も約四三〇メートル／秒は変わらないだろう。

詳細は銃器研究者にまかせることとして、教科書教材「ごんぎつね」で兵十が火縄銃を

どっひゃ〜っ

使って「ごんぎつね」を殺傷したことについての疑問に自分なりの解答を持ったためである。

一般的に狩猟で中型獣を撃つ場合「B」から「二号」弾を使用することとされている。「RS（スラッグ弾）」、九粒入りの「OOB」（以上イノシシ・鹿、熊用）では獲物の損傷が激しく破壊してしまうためである。

したがって教科書のプロットに従って述べると、

「物置で縄をなっていた」兵十は

「なやにかけてある火なわじゅうをとつて―略―足音をしのばせて近よって、今、戸口を出ようとしている「ごん」を、どんとうちました」（教科書記述のまま）の描写は、俺のイメージを超えている。最も長い距離として納屋と戸口、兵十の家の間取りは分からないが、けして豊かではない兵十。おそらく至近距離からの発砲となろう。一般的には、飛散した「ごん」の一部を拾い集めることとなろうが、ストーリーは「ごんは、ぐったりと目をつぶったまま、うなづきました」というクライマックスは迎えられなくなる。一般的には即死である。

「ごんぎつね」ファンの皆様ごめん、夢を壊して。でも先に述べてきたように物理的事実は普遍だ。ひとつ謎なのは、兵十はいつ火縄に火をつけたか、いつ火薬と弾を入れたかだ。火薬を入れっぱなしだと湿気ってしまうので毎回のメンテナンスが大事なのだから。

今回は銃器という異文化をテーマにしてあれやこれやと述べているのだが。ここで、専門家のアドバイスを引用する。俺が直接聞いた話。

銃器専門のある警察官幹部（当時警視）は「銃に撃たれて死亡する場合は局所にあたった場合を除き外傷性ショック死が多い。かなりの痛手や損傷をうけても死なないケースはある。ただし頭部がなくなったという条件下では変わる」とのことである。もっとも文学的文章である「ごんぎつね」をこのように読み解くのは無粋であることは百も承知であるが、銃で生物を撃つということは残酷なことではないか？ロマンの余地がない。

この話しは、俺が、勝手に兵十の銃所持目的を鹿・猪・熊などの大型獣が対象であろうと想定した場合である。この物語を成立させるためには以下の条件が必要だ。
一、兵十の火縄銃が旧式で機関部の閉鎖性が悪かった。（先込め式にはそんなこと無いんだけど）
二、火薬を詰めるとき、軽装弾にした（これはありうる。あわてて、半分だけとか）
三、小口径火縄銃だったため、対象物のダメージが少なかった（一、二番が一般的なので可能性は少ない）
などが考えられるが、まあ、無粋なことは詮索しないほうがよい。作品は作品として小宇宙を形成しているのだから。

さて、ここで、ちょっと映画と銃について語ろう。

長野オリンピックの開催地の一つ、軽井沢には国際ライフル射撃場がある（※俺の注…話した当時はあったが今は閉鎖されてしまった）。ライフル銃や散弾銃の射撃ができる訳だが、跳弾防止のため安土の一部として、大型バスやトラックのタイヤが標的の後ろに置いてある。標的と射台の距離は五〇メートルあるが、三〇ライフルと混ざって散弾銃の「ＲＳ（スラッグ）」弾の大穴がボコボコあいている。（つまり火縄銃の弾）

昔、「ガントレット」という「バスをめちゃくちゃ警官隊が撃つ」アメリカ映画があったが、バスは止まらなかった。謎だ。軽井沢の経験からすると、大型バスのタイヤに「ＲＳ（スラック）」弾を一発打ち込めば、大型車のタイヤといえどもサイドウオールは薄くバーストするのではないか。もっとも前述の専門家はあの速度であればホイールだけでも転がる可能性はあると述べていた。

同様の疑問は、特にアメリカ映画を見ていて感じるときがある。

派手なカーチェイス（俺は車の運転は詳しいので、ありゃりゃ的に見ているが）、烈しい銃撃戦はアメリカハリウッド映画の十八番《おはこ》であるが、その中で警官隊がパトロールカーの回転灯を光らせ、凶悪犯人や犯人に仕立てられた正義の味方を取り囲むシーンが登場する。

そしてパトカーを止めて、車のドアを開き、ドアを盾にして拳銃なんか構えて撃つシーンがある。でも、今まで述べてきたように、俺の知ってる現実は、九粒入りの「OOB」（ダブルOバッグ猪・鹿・熊用）の弾を三十メートル程度の距離で厚さ七〜八ミリ程度の家庭用フライパンを撃つと全弾貫通し、九つも穴が開くという。ある射場でラウンドが終わって雑談の中で聞いた話で、真偽は不明であるが、物理的状況は十分理解できる。

アメリカ軍や自衛隊等、軍用ヘルメットがフリッツ型やケブラー素材になっても、家庭用肉厚素材のフライパンの方が丈夫そうに思える。すくなくとも、自動車のドア程度の遮蔽物は至近距離から簡単に貫通してしまうだろう。

「OOB」は日本のおまわりさんの持っている「ニュー南部」（五五ミリ、七七ミリ）「エアーウエイト」三八口径の二インチバレルと同程度の口径だと想定されるから、撃たれる側とすると、同時に九人のおまわりさんから撃たれたことになる。ただし、おまわりさんの拳銃の銃身では二五メートルでも命中するかどうか。

いずれにしろ、撃たれる側はあまりいい気持ちはしない。

もし、俺が、アメリカのおまわりさんの立場だったら、犯人と自分を結ぶ「射線」上に、車のエンジンブロックが遮蔽物となる位置に陣取り、絶対に頭を上げない。という情けない状態になりかねない。臆病者の警察官ということになりそうだ。まして、犯人が、スコープ付きのライフル、それもヘビーバレルを持っているなどということを知ったら、逃げ出しかねない。

　戦車に拳銃で挑むぐらい無謀だからである。理由はこうだ。

　昨年、アメリカのライフル射撃場においての標的射撃で、標的として置かれていた自家用車を撃った。目測距離で七〇メートルほどあったと思うが、側面からの射撃では、全弾、車両を貫通していた。

　標的背後の赤茶色の安土から撃つたびに土煙が上がった。

　使用した銃はＡＲ15の最新製造型。インストラクターは、「ユーで（この新品の銃を撃つのは）二人目だ」といっていた。アーマライト社製のアサルトライフルで、アメリカ軍の正式軍用銃、ヘビーバレル。消費弾薬二四〇発。二〇発入り弾倉一ダース。日本ではＭ16の方が中・高校生にはわかりが早い。Ｍ16でわからない場合は、漫画「ゴルゴ13」の愛用銃といえばおわかりいただけるだろうか。（更に言えばＭ４の前身）

　俺は、この銃の標的だけにはなりたくないとおもった。腕のいいスナイパーなら二〜三〇〇メートルなら絶対に外さない。狙われたらまず助からない。そういう危なそうな環境にはまず近寄らないのが、一番と痛感した。

「君子危うきに近寄らず」（論語）とは、古くて新しい有難い言葉だ。

海外旅行で運悪く、そういう場面に遭遇したら、自分の隠れる物が遮蔽物として大丈夫かどうかを早く見極めないと、文字通り命取りになる。車の陰はやめた方がいいと思う。

たしか、アメリカの「エイリアン・ネイション」という昔のB級映画があった。現代の移民問題を宇宙人が移民として社会に適応するというストーリーに置きかえた展開であった。例によって悪漢の宇宙人が登場し対戦車ライフルをぶっ放しており、駐車している車をボコボコと弾が突き抜ける。結果、主人公の親友が殺されるというシーンがあった。対戦車ライフルはほとんど小さな大砲といった代物できわめて強力である。

世の中たいてい悪者の方が強力な武器を持っている場合が多い。だいたい悪者の方が金がある。水戸黄門などは助さん、格さんが刀を持った悪代官の手下を素手でやっつけ、あげくの果てに刀を奪い取り、峰打ちに……などという場面がよくあるが、銃の場合にはそうはならない。おそらく一方的である。毛沢東のゲリラ戦教程のようにはめったにうまくいかない。世の中そんなに甘くない。だれだって死ぬのは怖い。

桜田門外の変で井伊直弼を撃った水戸藩士は仲居屋重兵衛によって手渡された米国製リボルバー拳銃コルトを使用したという。

幕末は銃撃戦だった。

俺が真っ先に銃撃戦で思い出すのは「八重の桜」（NHK大河ドラマ二〇一三年）での会津城の攻防シーン。綾瀬はるか扮する八重が鉄砲をぶっ放して迫り来る土佐藩兵を打ち倒す。でも注意深くみると、綾瀬はるかは、ひらりひらりと身をかわしながら、ばんばん撃つ。一方、土佐藩兵は一発ごとに弾を込めている。同じ鉄砲のように見えるが、何か違うのだろうか。

舞台となった、戊辰戦争の戦いの一つの過程である（一八六八年十月八日～一八六八年十一月六日）慶応四～明治元年）のこととされている。

八重が使用しているのは「スペンサー連発騎兵銃」この銃は一度の弾込め操作でそのまま7発撃発射可能。

一方、土佐藩兵は一発撃つ度に弾込め操作をしなければならない「エンフィールド銃」ということになる。整理すると、（八重スペンサー銃で、連発銃対土佐藩兵エンフィールド銃で、単発銃）となる。

いったいこうした違いはどこから生まれるのだろう。だいたい、いつの間にそんな沢山の銃が製造されたんだろうと、俺は疑問に思った。そしたら面白い関連を発見した。

会津城籠城戦は一八六八年を頭の隅にちょっと世界の歴史、アメリカを見てみよう。

一八六一年四月アメリカ合衆国で唯一の内戦「南北戦争」。

一八六五年四月北部諸州勝利。死者数約62万人（諸説あり）。

小銃の技術革新が進んだ時期、殺戮戦となる。ここで考えたいのは、ここで使用された銃はどこへ流れたかということに着目したい。

歴史年譜の〈算数の問題〉会津城籠城戦は一八六八年十月 −《マイナス》 一八六五年四月北部諸州勝利 =《イコール》 三年あまり六ヶ月
こんなネットの記事を発見したので引用する。「エンフィールド銃、通称「三つバンド」は横浜の武器商スネル、長崎の武器商グラバーを含め多くの武器商人が幕末の日本に多数輸入しました」。また別の記事では「終戦と共に余り、外国商人の手によって幕末の日本に多数輸入されました。」とある。こんな都合良く銃のローテーションができていると、何か裏で陰謀があったのではないかと疑りたくなるのは俺だけだろうか。

そして、なるほどここにも「種子島」で触れた市場原理が働いているのか、と思うとまさしく歴史の中の**どっひゃー！**となる「異文化」を発見した気がした。

ちなみに（八重スペンサー銃は連発銃で北軍が使用しており土佐藩兵エンフィールド銃で単発銃は南軍が使用していたとのこと）単発銃を南軍が使用していた理由は命中精度が高いためとのこと（イギリス製）。

つまりエンフィールド銃たちは「イギリス生まれ」→「アメリカ南北戦争デビュー」→「日

本戊辰戦争活躍」という世界の時代を見てきた銃たちということになる。おまけに一言（八重－北軍－連発銃スペンサー銃はM1ガーランドのような連発小銃に。土佐藩兵－南軍－単発銃エンフィールド銃は命中精度を重視は村田銃、つまり三八式歩兵銃のようなボルトアクションに進化の思想を経ることとも興味深い。ご存じの通り第二次世界大戦では、M1ガーランドはアメリカ軍。三八式歩兵銃は日本軍の主力火器である。

時代の流れを鳥瞰的に見たときに、歴史の中の**どっひゃー！**を感じるのは俺だけだろうか。

ここで小学生の音読している、大造じいさん（椋鳩十著）に話をもどそう。

ぬま地にやってくるガンのすがたが、かなたの空に黒く点々と見え出しました。先頭に来るのが残雪にちがいありません。その群れはぐんぐんやってきます。「しめたぞ、もう少しのしんぼうだ。あの群の中に一発ぶち込んで、今年こそ目にものを見せるぞ」りょうじゅうをぐっとにぎりしめた大造じいさんは、ほおがびりびりするほど引きしまるのでした。—略—

もう少しでたまのとどくきょりにはいってくる、というところで、またしても、残雪のためにやられてしまいました。大造じいさんは、広いぬま池の向こうをじっとみつめたまま、「ううん。」と、うなってしまいました（光村一一～一二頁）

このシーンは大造じいさんとガンの一騎打ちとも言える直接的なクライマックスである。この平易な表記でありながら適切な情景描写や緊迫感は一流の文体とも言える。ただ、実際に飛行標的を射撃したことのあるものなら、大造じいさんの視点の変化は容易に見て取れる。決して群れの真ん中を最初から狙ってはいない。もし、俺が授業をすることができるなら、この情景描写や緊迫感を考えた授業なら楽しく一時間は使ってしまいそうである。「読む」とは深い作業である。「大造じいさんとガン」は教材自体とても力のあるもので長く日本の小学生がこの教材によって、文学的文章を読むときの理解の仕方を学習してきた。また、自然との共存や動物愛護的側面も身につけられた点もあるかもしれない。しかし、異文化エトランゼの視点で見ると、小道具としての「りょうじゅう」の特性をよく理解すると、「もう少しでたまのとどくきょりってどのくらいかな?」とか、「そのとき残雪はどのくらいの大きさに見えたのかな」などと広がりが生まれるかもしれない。また、「猟師の人から聞いたけど、頭のいい鳥、たとえばカラスなんかは、絶対たまのとどくきょりにちかづかないんだって」なんて付け加えるとより生き生きしたことになるかもしれない。

あれー、雁ってそもそも狩猟鳥だったっけなどということが頭をよぎるが、ともかく。M氏のご令嬢の「大造じいさんとガン」の朗読を聞いていて、そんなことに頭を巡らせた。

（採録データー『文芸たかだ』２５３号　平成１３／５掲載）

コラム　まるんの読書感想文

読書感想文は俺にとって、苦手なもののひとつだった。だから、小中高と夏休みは楽しいのだが、夏休みも終わり頃になると暗く重い気持ちにさせてくれる読書感想文。ここではその読書感想文に挑戦する。挑戦する本は『消された「徳川近代」明治日本の欺瞞』（原田伊織　小学館二〇一九・二）。

本題に入る前に前置きを少々。隊長筋にすごい方がいた。江戸時代は殿様。その方がことあるたびに、薩長めと薩摩、長州を見下す言葉を口にする。おれは義務教育の「社会科」で、明治維新は「富国強兵」「大日本帝国」「自由民権」といった単語で、輝くべき明治として教えられてきた。

ただ、なんとなく疑問なのは、近代文学系と近世文学系をみると、違和感が無くもなかった。まあ個人的趣味だが、今、永井荷風「断腸亭日乗」の世界が楽しい。作家故井上ひさし氏と樋口一葉出版記念会で懇談したときも、同氏は江戸文化の素晴らしさと一葉の文体の見事さを力説されていた。青森でも、一八歳の太宰治が義太夫にはまったりしている。もう、見ることのできなくなった江戸情緒。江戸と明治の間に何があったか。原田伊織氏は明快にしてくれている。同書は、元殿様の語る世界観に通底するものがある。徳川家臣団から見ればそういう見方もできるよなあという感じ。

大学の先生で中国文化に詳しい知り合いの先生に聞いた。「長い歴史の中で政権をとったら歴史を変えちゃうのありますよね」っと。答えはこうだ「中国でも、政権が変わると、大建造物や治水工事をして偉大さを分からせようとするが、そうすると、金を使うから文句を言う連中がいる。知識階級だ。そいつらを黙らせるために、膨大な歴史書や何かを編集させる。そうするとその政権に都合のいいように書くわけだ。うるさい連中をリスペクトすることで、相対的に自分たちも上位に位置づけられる。ところが日本はちがう。相手を徹底的に潰しにかかる」なるほど、と変な納得をした。本書に登場する「小栗上野介忠順」や「江川太郎左衛門英龍」は個人的に昔からよく調べて知っていた。何度も現地に足を運んだ。二人とも領民思いの殿様で、群馬や伊豆の地元では令和になった今でも大切にされている人物である。操船する俺は小野友五郎とブルック大尉の記述を楽しく読んだ。「君沢型スクーナー戸田号」が作られたのは、江川太郎左衛門の支援で戸田で作られ、ディアナ号の碇は今も博物館の前にある。M氏の義父は戸田の漁師だから良く知っている。「岩瀬忠震」と「井上清直」のチームプレーも新鮮だった。これもまた、日本国内の異文化体験か。作品中の「歴史というものは、生身の人間の喜び、悲しみ、怒り、感謝、諦め等々あらゆる人間感情がもたらした行動の堆積である。そしてこの時【生身の人間】というものに国境は無いのだ」の原田伊織の一文が本書のキールであることを感じ入った。

まるんのラーメン談義

其の3　海外編

■アメリカ

平成になったばかりの頃のこと。アメリカ、イリノイ州の田舎にある食堂のラーメンについての思い出。

ズバリこれは詐欺だ。ちゃんとメニューに「ｒａｍｅｎ」と書いてあった。まあパスタベースのかけうどんのようなものが出てくると考えていたら。**どっひゃー！**す、すごい。直径五〇センチはあろう大皿に特盛りのタワーのようになった、半生の堅焼きうどんをソースと酢で作った油まみれのものが出てきた。その奇妙な代物が大皿山盛り一杯に出現した。俺はその瞬間、きわめて悲劇的状況にあることを認識した。

うどんと書いたが、やはりスパゲッティー・パスタのようなもの、まだ芯が残る（後年になってそれはアルデンテといった上手なゆで方だと知ったが、当時は知るよしもない）ものをうどんのような形にしたもの。おまけに、そこのマスターが、俺が日本人だと知ると、「うまいだろう」的なことを聞いてくる。挙げ句の果てには顔なじみと推測される常連客たちに向かって「この日本人は俺のラーメンが素晴らしくうまいと聞いてわざわざ食べに来たのだ」的なことをいったものだからもう食べ残せない。

イメージしてほしい。アメリカの郊外にある西部劇に出てくるような酒場のようなカウンターに腰掛けて、周囲の視線をあびながら、黙々と口の中にほおばっている哀れな太った中年男の背中を……。

なんとか完食をし、会計の為に例のマスターのいるレジに向かうと、マスター、何か話しかけて欲しそうな視線を送ってくる。しかたがないから、「良い体験をした」と最後に伝えたら、大きく頷いて握手を求めてきた。ここまでくると、**どっひゃー!**悲劇ではなくて喜劇だ。だれだ、あんなものをラーメンだと教えたのは。ラーメンの異文化体験。

ラーメンでなくヌードルと表記されたメニューは隣の町の食堂で見ることができたが、もう何が出てきても驚かない。

■中国

平成も最後となった二〇一八の夏、西安に向かった。

出国ロビーで、中國東方航空に電話。一四時三〇分発上海虹橋空港行きに変更。

機上の人となるが、二一六八便一九時三〇分発西安空港行は、動く気配がない。時がたつ。出発しない。心配になってキョロキョロと機内を見渡す。かつて中国国内線の飛行機には、救命胴衣がないという話を聞いた。本当だろうか。彼はその理由を、「海の上を飛ばないから、落ちても自国領土内だから」だという。**どっひゃー！**と思うと同時に「ふーむ、心配だ」

俺の初めての中国の一人旅。

もちろん、中国語なんて話せない。だから中国語のアナウンスがあっても分からない。飛行機は出発しないまま、時は流れる。ついに、離陸前にもかかわらず機内食が配られる。なんのアナウンスもない。機内は騒然ともしない。機内食は二種類あるらしい。「ビーフ、オア、チキン」なら、なれているのだが、CAがなんと言っているか分からない。英語は使われない。CA「………」なんと言っているかわからない。俺以外乗客は全員中国人。俺はひたすら耳をそばだてる。機内食をもらうとき、三人の男性が続けて、「ミィェン」と「ミィェン」を次々に選択したから、俺も**どっひゃー！**となりながら、かすれた小さな声で「ミェン……」と発声。人心地しないまま、機内食をもらう。

蓋を開けると、暗い機内の明かりに照らされた、黒くミミズのような代物、**どっひゃー！**何じゃこりゃ。

恐る、恐る食すと「焼きそば」のような食感。あとで友人に聞けば、「ミィェン」は「麺」だという。平成最初の頃のアメリカも平成最後の頃の中国も、それぞれの入国して早い時期にそれぞれの「麺」と出会った。なにか異文化を超えた、運命めいたものを感じる。

4

みかえり阿弥陀

〈俺の数少ない師匠　いまはなきS師匠に捧げる〉

俺は、一人だけ師匠と呼べる方がいる。その方の思い出である。

ある道場で俺も一応修行はしていた。以下その時の記憶である。

京都に一躯像高七七センチメートルで平安後期～鎌倉初期の作とされている通称「みかえり阿弥陀」がある。この尊像にはひとかたならぬ思い出がある。

昔、ある全国規模の修行の研究会での帰り。

「まるん君、ちょっと京都に寄っていくぞ」のS師匠のお言葉に、ほいほいついて行った。

「君にどうしても見せておきたい仏さんがあるんだ」と歳を感じさせない歩きに、こちらが息を切らせながら最寄り駅の蹴上駅からついていった。歩くこと約一五分くらいか。

記憶がはっきりしない。

「ここだ、ここ」と門前に立ったのが「永観堂」（京都府京都市左京区）

S師匠はしきりに残念がる。「ここは、もみじの永観堂っていってな、紅葉の名所なんだ、もう少し早くこられれば君にすごい景色を見せられたのに」を繰り返す。

たしかに葉を落とした木々が続く。

当時は寺には興味がなく、「学校の修学旅行では行かない寺もあるんだ、さすがは京都」などと漠然と考えながら寺院の回廊を奥に進む。

途中パンフレットで〈「永観堂」は漢音読みで「えいかんどう」と読むが、永観律師の「永観」は呉音読みで「ようかん」と読む〉といったことや〈院号を無量寿院と称する。本尊は阿弥陀如来、開基（創立者）は、空海の高弟の真紹僧都である。古くより「秋はもみじの永観堂」といわれる。また、京都に3箇所あった勧学院（学問研究所）の一つでもあり、古くから学問（論義）が盛んである。〉などといった情報を仕入れ、「寺といっても今の大学のような位置づけの寺なのか」などと思いを巡らす。

やがて、本堂に。

「まるん君、この阿弥陀如来立像かわっているだろう」と得意げなS師匠。

なるほど、左肩越しに振り返り後ろを見ているようなお姿をしている。

そこでS師匠のレクチャーが始まる。（〈 〉の中は、俺の注）「昔〈永保二年（一〇八二）〉、永観〈五〇歳〉が修行をしていた〈二月一五日払暁〉。すると突然、須弥壇に安置してある阿弥陀像が壇を下りて永観を先導し行道をはじめられた。永観は驚き、呆然と立ちつくしたという。この時、阿弥陀は左肩越しに振り返ったんだよ」、と興奮ぎみのS師匠。そしてさらに言葉を続ける。

「なんていったと思う？」

俺は想像もできず「さあ」と首をかしげるしかなかった。

すると突然師匠は「永観、おそし」と、大きな声で舞台の台詞のような口調で言われた。俺は、この様な展開を予期していなかったので、驚くとともに、その語調が印象深く心に残った。

S師匠はさらに続ける。

「私はね、この仏様が大好きなんだよ。指導者はこうでなければいかん。勝手にスタスタと先に行ってはいかん。ちゃんと後進のものを見守らなければならん」

「私はこの仏様を見るたびに『S、おそし』と言われるように感じてならない、もっと修行をしなくちゃって思うんだ」と自分自身に話しかけるようにいった。

なるほど、師匠でもそう感じているのか、ではなぜ、俺にこの仏様を見せたのだろうか。などと「みかえり阿弥陀」を眼前にして思いをめぐらすうちに、なんだかS師匠が「みかえり阿弥陀」に思えてきた、そして「まるん、おそし」と言われているような気持ちになってきた。

俺の心中を察したかのようにS師匠は言葉を続ける。「全国から多くの修行の仲間が集まってくる。そうした中で、私は一人だけ、さっさといってはいかんのだよ」。当時全国規模の役員でもなかった私に全国研修会の様子は知るよしもなかったが、修行実践者の大先達になられたS先生にしか分からない世界の一部を垣間見た気がした。

永観堂ホームページには次のような説明がある。「みかえり阿弥陀如来」のお姿を現代風に解釈するとして（文：岡部伊都子）

・自分よりおくれる者たちを待つ姿勢。
・自分自身の位置をかえりみる姿勢。
・愛や情けをかける姿勢。
・思いやり深く周囲をみつめる姿勢。
・衆生とともに正しく前へ進むためのリーダーの把握のふりむき。

この文面を読むにつけ、S師匠の言行の一つひとつが鮮明によみがえる。

後年、成り行きからS師匠の運転手役を仰せつかったことがある。地方都市の会館とご自宅の往復だったり、豪雪の新潟、湯沢での全国研修会だったり、これもまた全国研修会で山梨だったりした。

月例研修開始会が始まる前に、今は廃車となってしまった、古いボロボロの軽自動車で伺うと、S師匠は乗車するなり、まずはたばこに火をつけてから、おもむろに呪文のように話し出される。その内容は、本日の例会で冒頭に話す内容のリハーサルが多い。先生をお乗せしたときの注意点は、そのたばこである。大抵、話すことに夢中になって、師匠のたばこの先には、長い燃えかすが残る。そして、それは先生のおズボンの上に落下する。その前に「師匠、はいどうぞ」といって灰皿をだす。このタイミングが難しい。

帰りの車では、行くときとうって変わって、ぐったりされている。例会に行くときは、十分気合いを溜め、終わると抜け殻になる。全国研修会などの場合はもっとそれが顕著になる。大雪の新潟、湯沢では、湯沢からご自宅までずっとお眠りになっていた。それだけご負担があったのだろうと師匠の心労を推し量ることができた。また、今回はいつもの古いボロボロの軽自動車でなくて、四駆のアルファードで正解だったかなと安堵した。え、なんで普段からそれを使わないんだとのご意見もあろうかと思うので先回り。一番の理由は、S師匠が気に入っていたということ。

「まるん、この車、気を遣わなくていいなあ、たばこ吸ってもいいんだろう」というような理由。あと師匠の乗り降りが楽だったのもあるかもしれない。大きい車ではS師匠は「よいしょ」と登らなければならないからと推察している。

話題を先生とのドライブ体験にもどす。

S師匠とご一緒することで、あらかじめ本日の研修会の冒頭スピーチの概要を知った上で例会研修会に臨むことができた。頭の回転の速くない俺にとっては大変ありがたい係だった。

その話より、ここでは、帰りの車内のS師匠の様子をお知らせしたくて、駄文を重ねている。それは、抜け殻のようになりながらも、前掲した「みかえり阿弥陀如来」の姿を見せる時がある。

「まるん君、○○さんは最近顔をみせないが、どうしたのかなあ」とか「研修会の原稿の集まり具合が遅いなあ、どんなんだったかなあ」と〈おくれる者たちを待つ姿勢〉「まるん、今日は少しいいすぎたかなあ」と〈自分自身の位置をかえりみる姿勢〉「○○さん最近体調がよくないらしいじゃないか、心配だなあ」や「○○さん最近無理しているから、君からもよく言っておいてくれ」といった〈愛や情けをかける姿勢〉

「他の研修会の状況を尊重しなければならない、全国でこの研修会の実践力を高め合わなければならん」「バランスが大切なんだよ、全体のバランスが」〈思いやり深く周囲をみつめる姿勢〉

「修行は、謙虚に修行者という気概をもってやらねばならん」「正しいと思う道を気概をもってやらねばならん、俺を打ち倒して、乗り越えて進め」といった〈衆生とともに正しく前へ進むためのリーダーの把握のふりむき〉といった師匠の言葉が今も耳元に残る。小さな、小さな軽自動車だからかも知れないが、いやに鮮明に言葉が浮かびあがる。

でも、なんといっても心の奥底に厳然と響くことばがある。それは「まるん、おそし」である。

S師匠から多くの奥義を教えていただきながら、たいした研鑽もなく、放浪の人生を送っているこの身の未熟さを振り返るとき、S師匠の声の「まるん、おそし」がどこにいてもよみがえる。

S師匠ありがとうございました。　合掌

まるんのラーメン談義

其の4　山頂編

平成になったばかりの頃のこと。山に登って、ラーメンを食す。この甘美な響きに誘われて、ずいぶん山頂ラーメンを堪能した。

よくラーメンを作った。もちろん水や具の制限があるので、インスタントラーメンや最悪カップラーメンであったが。

寒い山頂で食べる温かいラーメンは、冷たくなったおにぎりと相まって絶妙なコンビネーションを醸し出す。その快感を得るために、山に登るときは水とコールマンの携帯バーナーを持参する。一汗かいた後にひんやりとした山頂でのんびりとラーメンを作り、その後コーヒーを飲む。実にリッチな気分になれる。

ただ低い山頂だと、家族連れが多く、小さい子供などが「あぁーいいなあ、僕も食べたい」などと同伴のお父さんにせっつく姿をみるのが辛いのと、またイヤミにもなるので人目に付かないところでやる。

しかし、一応それなりの山に必死で登った後はなりふり構わず、一番ロケーションの良いところで行う。その一食は格別である。自分自身のご褒美としてつくる。眼下に広がる雲海と、長袖を着ていてもひんやりする山頂の空気はインスタントラーメンを極上の食べ物にしたててくれるのである。

二〇年ほど前、初めて富士山に登った。そしていつものように、登頂後のセレモニーを始めた。富士山頂を経験した方なら分かると思うが、富士山頂は突然の突風が吹く。もちろん俺もそれを計算に入れて岩陰で作ったのだ。

いよいよ完成して、紙製のどんぶりに移した。

五人分。

途端、突風。突風で四／五の器が一瞬で目の前から消えた。文字どおり**どっひゃー!**。

あたかも富士山の神への献上品のように、消え去った……。残ったのはにおいと一／五だけ。

流石富士山は秀峰、霊峰と呼ばれるだけのことはある。

「富士山をなめたらアカン」ということか……。

で結論――。「うまいラーメンとは、その人の体調と気分によって決まる。」そんな気がする。

【後編】　中国でのお話（平成後期）

1

中国での情けない話　異文化体験

これから話すことは、俺がいかに無知で、見聞が狭いかということを自覚した体験だ。かっこ悪いからあまり公表したくないが、まあ聞いてくれ。

■初日からのズッコケ

俺は会話には自信がある。アメリカで、飛行機に乗ったときも田舎でラーメンのようなものを食したときも、会話は成立している。ところが中国では英語で会話できないし文化が違うという**どっひゃー!**な事態を初日から体験している。

まず、上海空港からの地下鉄の乗り方。イミグレーションの司令塔のような高台に座った、肩章の☆が三つもついている隊長とおぼしき人に、地下鉄はどこかと英語で聞いた。

隊長の答えは「メタル」。（後に中国人の知人がそれは「メイトー」→「あっち」ではないか

と指摘されたが、不明白）

指された方向に進むことずいぶん。人の流れに身を任せて、とぼとぼ歩いていると、遙か彼方に電車のマークを発見。その地下に降りる。

あった。改札だ。券売機はもちろん中国語。なんて書いてあるかわからない。そして沢山の人たち。仕方がないから長い列に並ぶ。券売機は中国語だが、一駅乗車なので、お金を入れて、人数と一番近くの駅のボタンを押せばいいことは、六台ある券売機で人々が購入する様子を観察していて理解していた。長い列でも時間になれば、順番が来る。いよいよ、俺の番になった。

初めての中国一人旅だから、俺には、日本で両替してきた、「赤い札」しかない。それがいかほどの価値があるものか、貨幣体系も分かっていない。

「１００」と書いてある札を紙幣挿入口に差し込んだ。ところが、ところがである。**どっひゃーー！**何度もやっても「１００」と書いてある赤い札は戻ってきてしまう。

「あれー、あれー」と焦りながら繰り返しているうちに、俺の周りに人だかりができた。みんな俺に向かって何か言っている。それも大きな声で早口に「※□△※」「□※△○」と意味不明のことで強く非難されるような状況になった。**どっひゃーー！**は最高レベルに達した。

完全にエトランゼであることがばれてしまった。何を言っているか分からない。パニック寸前の状態だった。アメリカでは、「ラーメンという名前のついた訳の分からないもの」を田舎の食堂で食べた。そのときは冷ややかな、物珍しそうな視線を浴びたが、今度は違う。**どっひゃーー!**は最高レベル。

取り囲まれて、口々に非難されている。ラーメンの時とは切迫感が違う。おろおろしながら、周りをみていると、その中の一人の青年が一枚の札を取り出した。

両手で持って、俺に「これだ、これだ」と提示している。

それをみて俺は悟った「100の赤い札はこの券売機は受け付けないんだ」ということを。

そこで、俺は大きく頷き、こちらも「100の赤い札」を両手で高く掲示し、その青年に、なんと日本語で「どこ（どこで両替できるか）」と聞いた。

その青年は駅員のいるブースを指さした。俺は大きく頷き、中国語で「謝謝！」といい、ブースに向かった。

どっひゃーー!のレベルが低下して、やや落ち着きを取り戻した俺は、ブースの前に立つと、駅員に向かい、「100の赤い札」を無言のまま両手で高く掲示した。

駅員も無言で、いろいろな種類の札を俺に渡した。その時初めて俺は中国の紙幣の種類を

現実に認識した。「１」「１０」「２０」といろいろある。「１００の赤い札」の正体は１００元札。最も高額の紙幣だった。とはいえ日本の券売機は１００００円札も対応するのになあ。でもこれが異文化体験なのだと言い聞かせ、１元を２枚投入して無事切符を購入することができた。

どっひゃー!の試練はまだ続く。

中国では日本と違い、電車に乗るときに、飛行機同様、エックス線や身体検査などの手荷物検査を実施していることに驚きを覚えたが、改札を通過できないのにはもっと驚いた。

日本ではＳｕｉｃａ愛用者でオートチャージ機能を活用し、なーんにも考えないで暮らしている。「ピッ」「ピッ」「ピッ」

の生活である。

みていると、中国人も二種類の改札での入場のしかたをしている。一つは切符で改札を通る型ともう一つはスマホのようなもの、またはSuicaのようなものを「ピッ」として通過する型である。あとで聞けば、スマホ決済型は、中国銀行に口座のある中国人のみとのこと。残念。

カード決済もなかなか怪しい。スキミングでもされたら破産してしまう。中国人のスマホ決済は実に多い。

今度は、改札が通過できないどっひゃー！となった情けない話である。まず、駅構内に入場するとき。前の人をまねて、「ピッ」としようとしたら、バーが作動しない。どっひゃー！となりながらも、慌てて裏返しにしてみたら動いた。「裏と表があるのか」と初体験。

次に退場するとき「ピッ」として通過しようとしたら、これもバーが動かない。どっひゃー！となりながらも、しかたなく周りの様子を素早く観察。そしたら、下に挿入口がある。切符を挿入して無事退場できた。たかだか地下鉄に一駅乗るだけで、こんなにどっひゃー！となった失敗談がある。まるんの異文化体験。

■恐怖の「ネーガー…」（那个…）

会話には自信がなくなった、那个…

突然耳元で「ネーガー…」と言われたらだれも驚く。

中国通の先輩のアドバイスにしたがい、一番ぼろい服で中国をあるいた。これは、日本語を話さないのと同様、可能な限り目立たないようにして、犯罪被害を回避する目的の「カモフラージュ・オペレーション」である。ただ、予想外のこともあった。それが恐怖の「ネーガー…」である。

中国語で「那个…」は日本語の「あのー」になる。

調べたら、「あれ／あの」という意味の指示代名詞とのこと、読み方が「nàge」と「nèige」の2つあるらしい。詳しくは「那」は第4声、「个」は軽声、「那」に添えるように軽く発音すればOKらしいが、俺には恐怖の「ネーガー…」。

解説にしたがえば、使用法としては、口語表現であるそうだ。とくに「あのー」という「場つなぎ」の言葉として発せられる時には、「nèige」で発音されることが多いとのこと。この方が日本人にとっても発音しやすいかもしれないとご丁寧な説明まである。でも、でも俺には恐怖の「ネーガー…」。

西安の交通　電気自動車　電動バイクだらけ

西安の生活も数日が過ぎ、西安の主立った観光スポットも見学し、およその位置関係が理解でき、地下鉄にもどうにか乗れるようになった。地下鉄を使って、「大雁塔駅」まで行き大雁塔内部を最上階まで登り、玄奘（三蔵法師）像と大雁塔をバックに写真をとるなどして見物してから、いつものように一人で地図を片手に、一番ボロの服で、ふらふらと歩道を歩いていた。

ところで、西安は歩道を歩いていても安心してはいけない。電動スクーターが非常に多い。「電動スクーターはエンジンの音がしない。だから後ろから近づいてきて、バッグをひったくられることは良くある。」と中国人の友達が教えてくれた。だから「バッグは斜めにかけろ、後ろも気をつけろ」と言われた。確かに西安の運転手には「歩行者優先義務」の運転感覚はあまり感じられない。「じゃまだ、どけ」的なクラクションが随所で聞こえてくる。横断歩道の信号が青でも油断してはいけない。

大雁塔を見物したあと北から南へと向かい、途中で西に折れて、陝西師範大学附属中学校前を南下したあたりだった。人通りはほとんどなかった。向こうから老夫婦が歩いてきた。七十代の方と思われる。ちょうどすれ違って一秒くらいしたとき、後ろから声が聞こえてきた。

「ネーガー…。」である。**どっひゃー！**となって振り向くと。老夫婦の顔がある。明らかに道を尋ねたそうである。日本なら可能な限り丁寧な対応をするのだが、ここは異郷の中国、西安。右も左も分からない。やっと地下鉄に乗れるようになったレベルである。地図だって中国語表記の地図しかない。日本語表記の地図もあるが、ざっくりしすぎて詳細部分がないため、役にたたない。

まるん、生まれて初めて中国人に道を聞かれる、の場面である。

すかさず、出た言葉は「不明白」「不明白」「不明白」（わかりません）の三連呼。片手に持っている地図を示して、「俺だってわからないんだ」を強調し、その場を逃げるように立ち去る。

情けないが仕方がない。心の中で手を合わせる。「ごめんなさい」と。

歩きながら考える。「あの老夫婦、ひょっとして、俺を中国人だと思ったのかな」「そういえば昔ソウルのカジノに行ったとき、入り口のガードマンみたいな人が、一緒の仲間は一人ずつジャパニーズ・次の仲間もジャパニーズと、彼の前を通過する都度言っていたけど、俺の時だけチャイニーズだったよな」などということを思い出していた。

次のパニックは地下鉄で切符を買っているときに起こった。「えぇっと3元だよな」などと思って行き先ボタンを押していると、右後方から「ネーガー…。」**どっひゃー!**となる。ドキッとして振り向くと、十代後半の清楚なかわいらしい女の子がニコニコしながら立っている。視線を右にずらすと、同じくらいのイケメン男子が照れたように立っている。

西安は地下鉄工事が急ピッチで進んでいる。だから新しくできた、地下鉄のチケットの購入方法は不案内な人も多いと聞いている。

俺は「この二人、初めてのデートで切符の買い方が分からないのだ」と認識した。

前回の老夫婦への後ろめたさもあり、今回は勇気を出して、教えることとした。と言っても中国語はしゃべれない。

どっひゃー!となりながらも、とっさに出たのは英語。

券売機の行き先画面を使って「ONE　TWO　THREE」で指をさして教えた。

「ONEで行き先を指で押す」
「TWOで人数を押す」
「THREEで金額を投入する」

とボディーランゲージで必死に伝えた。カップルは、俺が中国人でなかったことに驚いた様子だったが、二人が「謝謝。」といったので、俺は安心して改札を通った。「あの美男・美女のカップルはうまくデートできたかなぁ」などと妄想しながら、ホームにいる「文明乗車」の襷《たすき》をかけた係員のとなりで地下鉄をまった。「俺って、そんなに中国人っぽいのだろうか、それともこのカモフラージュの服装のためだろうか。」と思いを巡らした。実に妙な感じの異文化体験。

■ゴミ箱にペットボトルを捨てたらおばあちゃんににらまれた

あまりにも暑いので、自販機で6元だして、飲み物を買った。生水は飲んではいけないといわれていたので。そして自販機なのは、コンビニで買うと、店員から「○元」と言われるが、中国語の発音が分からないから。聞き返すと一律、「なんじゃおまえは、わかんないのかよー」といった意味を込めた、軽蔑的視線を浴びることとなる。だから自然と自販機で買うことが多くなる。にらまれないから。馬鹿にされないから。

だいたい、日本のコンビニのお茶感覚で、中国のコンビニで買って飲むと、ダイレクトに**どっひゃー!**っとエトランゼ体験ができる。

キャップをとってゴクゴクと飲む。とたんに口中に広がる、「甘い」味覚。そう、中国のお茶は甘いのだ。そのことを知り合いの中国人C氏に言ったら。「何を言っているのだ」という感じで「紅茶も甘いのありますよね、コーヒーも甘いのありますよね」とのこと。

なるほど、それで、お茶も甘いわけだ。変な気持ちではあるが、とりあえず納得をすることにした。

さて、問題は飲み終わったペットボトルだ。見ると町の歩道のあちこちに大型ポリバケツの形状のゴミ箱が置いてある。しかし清掃が行き届いているせいなのか、中には何もない。

この中に捨てていいものか、悩みながら、ゴミ箱に捨てる。

飲み終わったペットボトルを、街角のゴミ捨てに捨てたのである。

その瞬間、老婆が寄ってきてずっと私の目を見つめる。険しい視線だ、こちらは**どっひゃー!**となり、ドギマギしながら、心の中で「アレー、分別回収ですか、間違って捨てちゃったのですか、ごめんなさい」的に思っていると、俺が捨てたペットボトルを取り出

して、目線はそらさず、にらみつけたまま、立ち去る。俺は、「まずい、分別の方法がまずかったのかなあ。怒られちゃったよ」と少ししょげる。

そのことを知り合いの中国人C氏に話すと、

「それはペットボトル集めている、おばあちゃんだ。ペットボトルが一つ一角（回収料金のこと）くらいになる。お金になるんだ」とのこと。で、俺が、

「じゃあなんでにらまれなければならないんだ。分別収集のマナー違反でにらまれたと錯覚して**どっひゃー！**となった」と伝えると友人は、

「まるん君がペットボトルの所有権を主張しないか、確認のためだよ。君がちゃんと

捨てたのを確認し、ペットボトルの所有権の放棄を確認したんだよ。私がこのペットボトルを持っていっても、お前は所有権を主張しないだろうねって」

なるほど、ペットボトルを捨ててても**どっひゃー!**となる異文化体験。

■西安のおばちゃんたち

楊貴妃で有名な中国美女。しかし、妖怪でないかぎり誰しも経年劣化がはじまる。バスの中での話。

路線バスは「前乗り」。運転席横に日本と同じように、集金ボックスがある。事前にSuicaのような乗車カードかスマホ携帯のバーコードで「ピッ」として乗る。現金の場合はあまりない。バス乗車初体験の時に、事前に、バス停の名前の漢字と路線名をバス停でメモし、来たバスに乗り込む。

そして迷惑にならないように、そして何よりもバス路線を間違えて乗った時にすぐ降車できるよう降車ドアのある奥の方へ進む。

まだバスの中程にある降車ドアにたどり着く前に、バスは乱暴に発車した。いきなり急加速したかと思えば、割り込んできた電動スクーターにクラクションと急ブレーキ。空港の送迎バスもそうだったが、運転が荒い。**どっひゃー!**と思いながら、つり革に両手で掴まる。

普段、東京都内で路線バスを愛用している俺にとって西安のバス旅は試練の連続だ。日本のバスに慣れている俺なので、都内のバスは「発車します、お掴《つか》まりください」と声をかけ、乗客が着席したのを確認してからゆっくり走り出すといった感覚でいた。もちろん、急ブレーキもない。

ところが、ここのバスは真逆だ。客を荷物か何かと勘違いしている。しっかり掴まっていないと、車内転倒の事故となる。空港のシャトルバスでいきなり洗礼を受けたので心の準備はしていたが、やはり、不意をつかれた。油断大敵。

バス停は車内アナウンスが何を言っているか分からないから、バス停でメモしてきた、漢字と照合する。2駅／5駅通過とか思っていると、3駅／5駅のバス停に着たとき、突然、横っ腹に激痛が走る。何事かと思って横を見ると、年齢が七〇代と思われるおばあちゃんが両手を組み、両肘を水平に横に張り出し丁度腕で菱形を形作った体勢で、その菱形を左右に動かして、降りるための進路を確保している。俺は安全のために両手でつり革につかまっていた。両脇腹は完全に無防備だった、その俺の横っ腹に、おばあちゃんの肘が直撃したのだ。不意打ちだから痛い、痛い。バス停ではそうやっておばあちゃんは人混みをかき分けバスを降りていった。

どっひゃー！ここではバスに乗るのは戦いなんだと初めて知った。

昔、韓国ソウルの地下鉄に乗ったときのことが思い出された。さっきのおばあちゃんと同じくらいのおばあちゃんが、どうしていいか分からなかったようだった。

行き先の駅までの行き方が分からない。反対側から、金髪に革ジャンを着た、どうみても不良、怖そうなヤンキーが近づいてきた。

俺は「ありゃ、おばあちゃんが絡まれたら大変だ」とは思いながら、韓国語が話せないので、見守っていた。そしたら驚くべき事態となった。

会話は分からないので、例によって雰囲気から読み取った、俺の推測の解釈。

おばあちゃん「おい、わかもの、わしゃあ〇〇へ行きたいんじゃが…分かるか」
若者たち「はい、おばあちゃん、大丈夫ですよ」
おばあちゃん「それは助かるのう、さっそく教えてくれ」
若者たち「わかりました、私たちが案内します、どうぞこちらへ」
おばあちゃん「すまんのー」
若者たち「大丈夫です、こちらへどうぞ」

そのヤンキーたちにエスコートされておばあちゃんは人混みに消えた。（俺の三〇年くら

い前の異文化体験である。）
　俺は、このイメージギャップに驚くとともに異文化体験の神髄をみた。さすが儒教の国。
　あれ、中国も儒教の国じゃなかったっけ……。
　あっ、おっと、この話はもうおしまい。

■夫婦げんか

　街を俺が歩いていると、向こうから、険しい顔をした中年男性がスタスタと歩いてくる。ちょっと遅れて女性もやはり険しい顔をして歩いてくる。おそらく、大学一年生になった一人っ子を入寮させての帰りとみた。人混みの中を先頭のお父さん「※□△※！」と。何を言っているか分からないが、怒気に満ちた大声を出して、足早に歩く。

二メートル後方を、同じく、怒った形相のお母さん、丁度、俺とすれ違った瞬間に、前を歩くお父さんに向かって「不明白！」と、とても大きな声でぶつけるように叫んだ。

雰囲気からすると、お父さんが「お前は※□△※だから、こうなんだ」的な意味で言ったことに対して、お母さん「わたしゃーねぇ、あんたのいってることなんか、全然わからない」的なやりとりだと思う。

すれ違いの一瞬の出来事だが、俺にも分かった「あーあ、ありゃー、夫婦げんかしているんだ」って。ちょっとした**どっひゃー!**体験。言葉は違って、意味はわからなくても、その場の空気は同じ。どうぞ末永くお幸せに。

■夜のダンス大会

西安の夜は、すごい。初日、西安には深夜についた。上海空港から咸陽空港までの夜間飛行は詩「スターフライト」（131頁参照）に書いた。実際、上海空港を離陸してから咸陽空港に到着までの間、殆どの中国人乗客はシェードをおろして、眠りの中にいるが、中国語が話せない俺は、緊張と興奮のため、一人、地上の景色を見ていた。

上海の上空から見る夜景も素晴らしかったが、ライトで幾何学模様に浮かび上がる、地

上絵は圧巻だった。

一番びっくりしたのは、西安上空。真っ暗な中から突如姿を現した、巨大な碁盤のような巨大都市。思わず**どっひゃー！**。こんな大きいのは西安だろうと、その光の芸術のようなライトで表された町の形状をしっかり頭にたたき込み、後で地図と比較して確認したから間違いない。

機上からは正確に把握できなかったが、ひときわ明るい通りがちらと見えた。特にすごいのは、大雁塔から南に広がる大唐不夜城。イルミネーションのきわみ。西安へいったら一度はここを夜に訪れなければならない。だれもが**どっひゃー！**ってなるに違いない。

ディズニー・エレクトリカルパレードの

中国西安毎晩版だと思えば少しは理解してもらえるだろうか。その素晴らしさは、ネットで検索してもらうとする。

ここでは、その光の洪水からちょっと離れた、随所で見られるおばさまたちのナイトライフをご紹介する。

明るい光の洪水から、少し離れた広場にその集団はいた。厳密にいうと、そこかしこに幾つものグループがいた。女性ばかりである。それもお年をめした。

彼女たちは、音楽に合わせて踊っている。うーん、たとえて言うなら、日本の人気アイドルグループで言えば乃木坂46、欅坂46、AKB48といった動きと思えばいい。ただし、きらびやかなステージ衣装ではなく、Tシャツにズボンといった普段着で、隊列を作って音楽に合わせ踊っている。

一緒に通訳兼案内をしてくれた、昔からの友人である中国人女性Aさんは俺に次のように教えてくれた。「あの人達は定年退職をした人たちで、夜になるとこうして集まってみんなで踊るんですよ」

俺は「えー、コンテストとか、発表会に向けてですか」

まず、中国にも定年退職があるのか、とちょっと**どっひゃー！**と驚いた。

さっそくネットで調べてみたら。あった、あった。

（企業職員　法定定年退職年齢Q＆Aより）（労社庁函〔二〇〇二〕一二五号）によると「男性は、満六〇歳、女性は満五〇歳、女性幹部は五五歳」とのことである。
俺はそれを知って驚いた。「え、男女で定年年齢違うんだ。平等じゃあないんだ」それが最初の感想。次に「女性幹部ってなにが幹部なの」である。関連記事を見ると、やはりそうだった。「定義付けは、法律に基づくべきであるが、法律には記されていない。これが面倒の根源です。」とあり「法律上で「女性幹部」の定義をしていない事にあります。どのような職位から幹部と認定されるのか、誰も答えを持っていません。」とある。**どっひゃー！**
「こりゃあ難しい問題だ…。」と俺の独り言。

Aさん「コンテストではありません。ただ、夜になると集まって踊るんですよ」
まるん「五十代じゃあまだ、元気ですよねー。でも西安にはディスコとかないの？」
Aさん「たぶんないです」
まるん「ふーん、青空ディスコねえー。なるほどね」で、ここで**どっひゃー！**

ある発表会で、得意そうに「西安にはディスコはありません」と発表したら、質問で

「二〇年前には、城壁内の〇〇という所にディスコはありました」と言われた。俺は「今は、どうなんでしょうねー」と答えるのが精一杯だった。

そこであとで、検索してみた。

あった。「あ、踊り狂いたい方はクラブ（ディスコ）も歩いて行ける範囲に数軒ありますのでどうぞ。西安で超有名なクラブ「MUSE」も歩いて一〇分くらいです。欧米人も多いので英語でも入れます。」（海外出張ブログ「いちごや」より）。

でも、あそこで踊っている人たち、あんなに大勢は収容しきれないし、きっと料金も高いんだろうな。定年退職した人たちだし。

俺は、Aさんに聞いた「これはこれで、みなさん楽しんでいるんでしょう。」

Aさんは「そうですよ、お金かからないし、体動かせるし」

なるほどそうだろうなと妙に納得した西安の夜であった。

■ニイハオトイレ

俺は生きている人間である。息をしている。水も飲む、ラーメンも食べる。放尿もする。そしてアイヌ語でいうところの「おまそ」もする。中国での異文化体験で一番困ったのが、トイレ。

ホテルや飛行機の洋式トイレは、日本でもなじみがあるので違和感がないが、街中の個室には**どっひゃー！**と閉口した。完全なアウェイ状態。

情けない話だが、市中見回り中に用を足したくなった。だいたい、どこがトイレか分からない。美術館などの公共施設は「衛生间」などの表記があるが、街中ではわからない。だいたい店だってなんの店かは分からない。

店頭に並んでいるものを見て、判断する。○○大飯店とか○○酒店は飲食店ではない。ホテルである。もっとも、韓国ソウルでも、夜歩くと、やたらに床屋の看板、つまりくるくる回る赤白青の回転灯二本セットが目に付くが「床屋」じゃない。後で知ったが、そこは男の世界。異文化体験が少ないと、すべて日本と同じだと勝手に錯覚する。あぶない、あぶない……。おっと脱線。

そう、歩いていると、段々切迫感が増してきた。中国語が話せないというのは実に不安だ。うっかり道も聞けない。そんなときは、急に知恵が回るようになる。「そうだ、デパートに行こう」と。なんて名案なんだと、自分でうぬぼれながら、デパートに向かう。入り口で案内板を見るがお目当ての「衛生间」の表示はない。「洗手间」「厕所」の表示もない。

エスカレーターで上の階へ移動する。各階とも日本のデパートのようなきらびやかさはないが、品物は大量に並んでいる。婦人服の階、紳士服の階、革靴、スポーツシューズの階と豊富な商品が整然と展示されている。最上階は日本の場合、レストラン街になっており、「衛生间」「洗手间」「厕所」の表示はそこにあると推理した。

はたしてそれはあった。一番奥の、倉庫に向かうのではないかと思うような通路の目立たないところだ。おっ。男女別だ、ドアもある。とドアを開けて個室に入った瞬間**どっひゃー!**が炸裂する。

「………」

真ん中に円盤状のタイル、そこに穴。

別の表現をすれば、底の浅い洗面器の一部に十センチ弱の穴のある物が床に埋め込まれている。

俺はドアをしめたまま、上空から床面を見下ろしていた。「どっちを向いて座るのだろう」だいたい和式でも金隠しがあるからどっちを向いてすればいいか分かるが、この場合はどうすればいいか途方にくれた。そして壁面を見た。使用方法の説明もない。日本のコンビニならご丁寧に五カ国語くらいで書いてある。などと見渡すともっとも重要な現実を発見した。

どっひゃー！マックスである。

「かっ、紙がないっ」トイレットペーパーがないのだ。あわてて、個室からでて、となりの個室も見たが、同様。**どっひゃー！**の連発。

いよいよ俺は決心した。

ここから先の俺の話は……ピーです……。

さて、その後仕入れた、先人達の武勇伝をお伝えしよう。

帰国後、中国通の友人に、俺のそのデパートの驚愕を伝えると。

「えっ、知らなかったの、馬鹿だなぁ。そんなの常識だよ。俺が中国行くときは、芯を抜いたトイレットペーパー、スーツケースに半分くらい入れて持っていくよ」とか「お前の場合個室だったんだろう。田舎行けば、ふつうの溝だよ、長ーい溝があるだけ。そこに一列にまたがってするんだよ。前の人に、いいのが出てますねなんて話しかけながら用を足すんだよ」など**どっひゃー**。

それがいやなら有料トイレ。なんでも有料トイレは一元らしい。

俺は中国語が話せないから使用しなかった。というか怖くて出来なかったが、中国語が喋れない場合は黙って一元札（或いはコイン）を出せば中へ入れるとのこと。紙も付いているらしい。

「※□△※」って言われたら、黙ってもう一元わたすとのこと。なんたって非常事態だから。

ここで、俺の失敗を、読者の皆様がしないように先達たちの蘊蓄《うんちく》をあたかも自分の知識のようにひけらかしてニイハオトイレ使用方法のレクチャー。

・紙は持って入りましょう。
・紙を流してはいけません。籠に入れましょう。
・壁に背を向けて座りましょう。（しゃがみましょう）
・ドアのない場合もあります、当然丸見えです。
・トイレの外にいる人からも見られるトイレが有るそうです。（伝聞）
・長ーい溝型はチョロチョロ水が流れている場合も有りますが、なるべく溝の中は見ないほうがよい。（伝聞）

実際、新築の美術館に行った。Aさんと「衛生间」にいったら驚いた。もちろん男女別の「衛生间」である。男性用トイレの個室はすべてすりガラス。中の人のシルエットが透けて見える。このとき、初めて正しい姿勢を知った。小用が終わって振り向いた瞬間である。**どっひゃーー!**と驚いて、Ａさんにそのことを伝えると。「女性用もそうでしたよ。それに鍵は壊れてましたし、水も流れません」とのこと。まだ新しい美術館なのに**どっひゃーー!**凄いなあと感嘆。

別の若い中国人男性Ｂ氏に「韓国でもトイレに紙流しちゃいけないって言われてたけど、中国もそうだった。日本と違うんだねー」といったら、「まるんさん、日本が普通だと思っちゃダメですよ。日本が普通じゃないんです。認識してください」と説諭された。

そして、あるブログにこんな書き込みがあった。「溝だけトイレをマスターすれば、貴方は立派な上級者。中国で生きていけます。」だって。俺はその記事を見て思った。「別に上級者にならなくてもいいや」と。

ちょっと変わった**どっひゃーー!**の異文化体験報告。

まるんの散文詩1

まるん

「住所不定・無職」まるん復活1

俺は若いときから定住できず、マグロやサメのように回遊して生きてきた。知っているかな。マグロやサメの性（サガ）を。「海中では口と鰓蓋を開けて遊泳し、ここを通り抜ける海水で呼吸する。泳ぎを止めると窒息するため、たとえ睡眠時でも停まらない」まあ、じっとしてたら、〈まるん〉は窒息しちゃうので…と、今のジャパンスタイルだと「住所不定・無職」そんな社会的評価。そして公務員を定年退職した〈M氏〉のように〈まるん〉はまじめではない。定職を持っていないからまるんにはいつも金がない、今回〈M氏〉がまるんの同人誌Hの会費を払ってもらい復活できた。この場を借りて〈M氏〉に感謝。

ただ、古くお隣さんの国が〈秦〉〈漢〉～〈唐〉といった時代、詩人は〈諸国を行脚し、あるときには食客として生きてきた〉今で言えば「住所不定・無職」その中の一人、詩人李白はご存じか。こんな詩がある。

哭晁卿衡　　李白

日本晁卿辞帝都

征帆一片繞蓬壷
明月不帰沈碧海
白雲愁色満蒼梧

日本語の訳はこうだ。

私、李白の日本の友人、晁衡は、ついに帝都である長安を出発した。／粗末な、小さな舟に乗り込み、彼のふるさとである日本へ向かったのだ。／しかし、私の友人晁衡は、あの明月のように高潔な、あの晁衡は、青々とした海の底に沈んでしまってもう帰ることはできない。／今は、愁いをたたえた白い雲が、蒼梧山に立ち込めているだけだ。

〈晁衡〉は〈李白〉の御蔭で中国の人には超有名人。井上靖の「天平の甍」でも中国語訳では〈阿倍仲麻呂〉の説明に〈晁衡〉表記されていることを知った。

李白＝詩仙、杜甫＝詩聖、王維＝詩仏。みんな「住所不定・無職」つまり放浪の影を持つ。おっと王維は違うかな。でも天宝十二載（七五三年）には、阿倍仲麻呂が日本に帰る際、彼のために彼を送る詩を詠じたのは李白と同様。

平成三十年葉月朔日

2

西安のお寺での出来事

「四国八十八カ所霊場」の第〇《ゼロ》番札所は中国、西安の青龍寺である。当時の長安「青龍寺」は「空海」が留学僧として、恵果和尚に弟子入りした寺であり、日本の仏教の母校とも言える名刹である。俺はただ一人、中国語も解せぬまま同寺に突入した。人気《ひとけ》はまばらで、俺くらいしかいなかった。中国通の仲間の先生の指示通り、一番ボロい服装で訪ねた。風来坊な俺はアメリカでも韓国でも多少のコミュニケーションはとれてきた。

宿泊場所から長安南路の大通りに出て近くの地下鉄駅、永寧門から南北に走る2号線に乗車、小寨駅で東西に走る3号線に乗り換えて、3駅目青龍寺で降りた。まあ、そこまでの切符が買えないとかいう情けない話は前述したとおりである。

ここで長安青龍寺に参拝したエピソードを記す。

『地球の歩き方　西安　敦煌　ウルムチ'18－'19』（ダイヤモンド社）から引用する。俺の浅はかな知識より、はるかにわかりやすいからだ。

「青龍寺は隋代文帝治下の西暦五八二年に建てられた『霊感寺』。唐の睿宗治下の、西暦七一一年に現在の『青龍寺』と改称されました。唐の徳宋治下の八〇四（貞観二〇）年、当時日本から入唐した多くの留学僧のひとりだった空海は、この地で恵果和尚に弟子入りし、密教の教義を学んだ。帰国後、高野山に金剛峯寺を建立し、真言宗を開いた。また、空海は中国文字の書道や灌漑技術も日本に伝えたという。（四五ページ）

つまり、真言宗の大本山です。また、四国や九州地区の八十八ヶ所の〇番札所となっています。」

さて地下鉄の改札を出て地上に向かう。西影路と雁翔路の交差点に浮上。雁翔路の上り坂を歩くこと約二〇分程で着。青龍寺遺跡保管所までは経七路大道から路地道に入ると近道。青龍寺と書かれた門を入り、恵果空海記念堂で回り込むと、空海真言密教第八祖誕生の銅像がある。閑散としていて、観光客らしき人影はない。しばらくぶらぶらと見て回っ

青龍寺

ているど、剃髪で作務衣姿の人物が現れた。すぐどこかへ行ってしまいそうだった。

あわてて、その場所で住職とおぼしきその人物に話しかけた。中国語は話せないし、日本語は使っちゃダメといわれているので、怪しげな英語である。ここでは、脈絡の関係から日本語で表記をする。

「こんにちわ！」

振り向いた住職。お前はだれだ、と言わんばかりの表情でじっと俺を見つめる。

「私は日本から来ました」

「空海のことを教えてください」といった意味のことを英語でさらに続けた。

益々怪訝な顔になり、**どっひゃー！** 俺の英語が完璧に通じていないということを認識しなければならなかった。

苦しい時間が流れた。そこで、俺はとっさにバッグにしまってあった、「四国八十八カ所霊場」の御朱印帳をとりだして住職に見せた。

ここは、一瞬だったが、スローモーションのように鮮明に覚えている。御朱印帳を見た瞬間、住職の目に光がともり、今までの顔から満面の笑顔になった。

そして住職のほうから「好好！」「来来！」。「好好！」「来来！」と数回繰り返し、俺に付いてこいといって手招きする。住職の文字通り豹変に驚くとともに言われるままに後について堂内に入る。堂内には不動明王を中心にお大師様、恵果阿闍梨が左右に鎮座する。赤い布のぶら下がった木々が印象的だった。

さらにあちこち案内され手を合わせた。

最後に、土産物売り場に案内された。線香、墨、筆などが並んでいる。どうやらここで〇《ゼロ》番札所の御朱印をもらうらしい。住職に丁寧にお辞儀をすると、住職も合掌して答えてくれた。ちょっと前の怪訝な表情から別人のような様子で去って行った。

別の意味で住職の豹変ぶりに狐につつまれた気持ちになった。

住職が去ると、お土産物屋のおばさんに再度「四国八十八カ所霊場」の御朱印帳を提示した。おばさんはおそらく「わかった、わかったちょっと待っていて」的なことを中国語で言って出て行った。丁度日本の駄菓子屋くらいの大きさだった。値札がなかったように

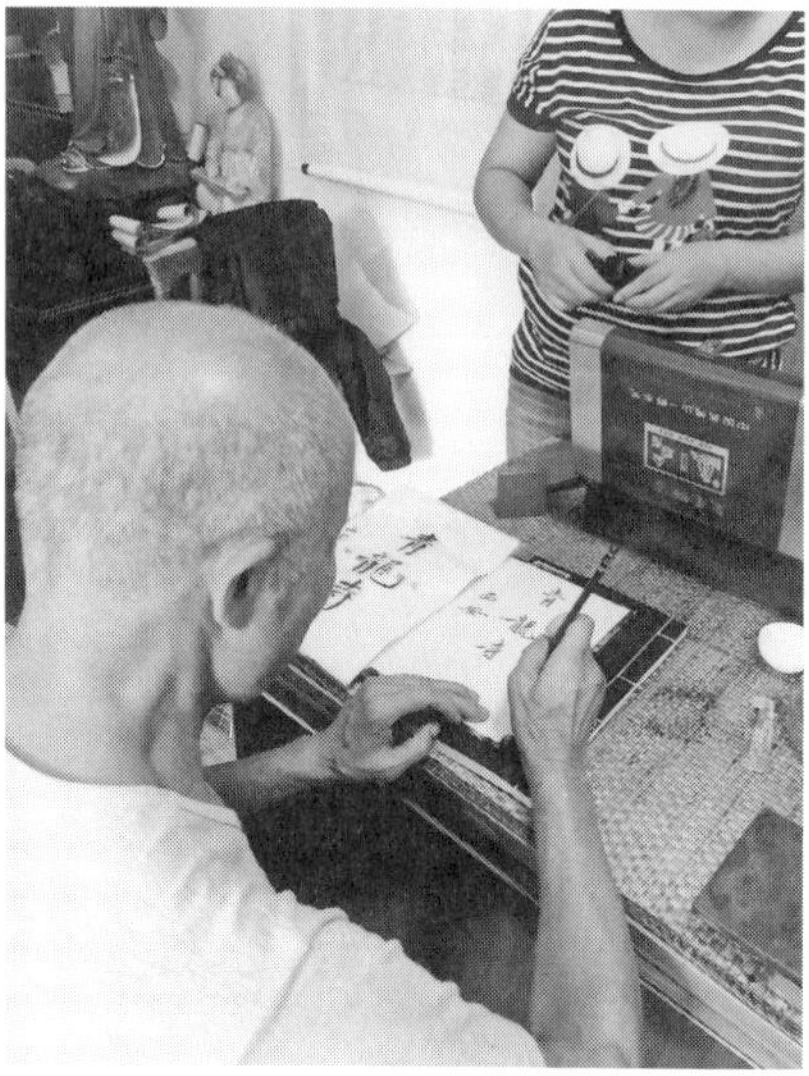

記憶している。これの理由は後に記すがこの段階では不思議に思わなかった。
やがて、丸首半袖の下着姿のおじいさんがつれられてきた。これも「どれどれ、日本から来たのか、御朱印帳みせてみなさい」と言うような意味の中国語を言ったんだと思う。実際なんとなく「四国八十八カ所霊場」の御朱印帳をそのおじいちゃんに渡したのだから。

やがて達筆な筆と朱肉の鮮やかな御朱印をいただくことができた。**どっひゃー！**嬉しい。
と、ここまでだが、今回、同じようにここで御朱印もらった人いるのかな、と思って検索してみたらいろんな人が訪れているようだ。その中で御朱印帳九千円という記事をみつけた。五千なら買うのにという記事だった。その部分を読んでこんなことを思い出した。

かつて中国通の先輩から以下のようなアドバイスもらったことがある。

「まるんよ、中国では物の価格は五種類ある、一番高いのが日本人用、次が韓国人用、続いて華僑用、四番目が田舎者用、そして一番下が地元用だ。」

まったく、また、俺をからかっているんだ、そんな冗談みたいな話は信じなくて。

「えー、まさか、そんなことあるの、嘘でしょう、先輩、またからかっているんですか。」と俺はその場では答えた記憶がある。

ところが、別の意味で**どっひゃーー!**発生。

御朱印を書いたおじいさん、机の下からなにやら小さな紙を取り出し、五段になって書かれている一番上を指で追いながら「○○元」と言った。

御朱印を書いてくれたおじいさん、机の下でコソコソ何かを見ていたから俺からはよく見えなくて、はっきりは分からなかったが、ひょっとして「日、○○○元」といった価格表ではなかったかと中国通の先輩のアドバイスの記憶がここでよみがえった。

日は日本人の意味。これは完全に推測だが、御朱印帳九千円は日本人価格の可能性がでてきた。最低価格は十分の一位か。**どっひゃーー!**。ここにも異文化体験があった。

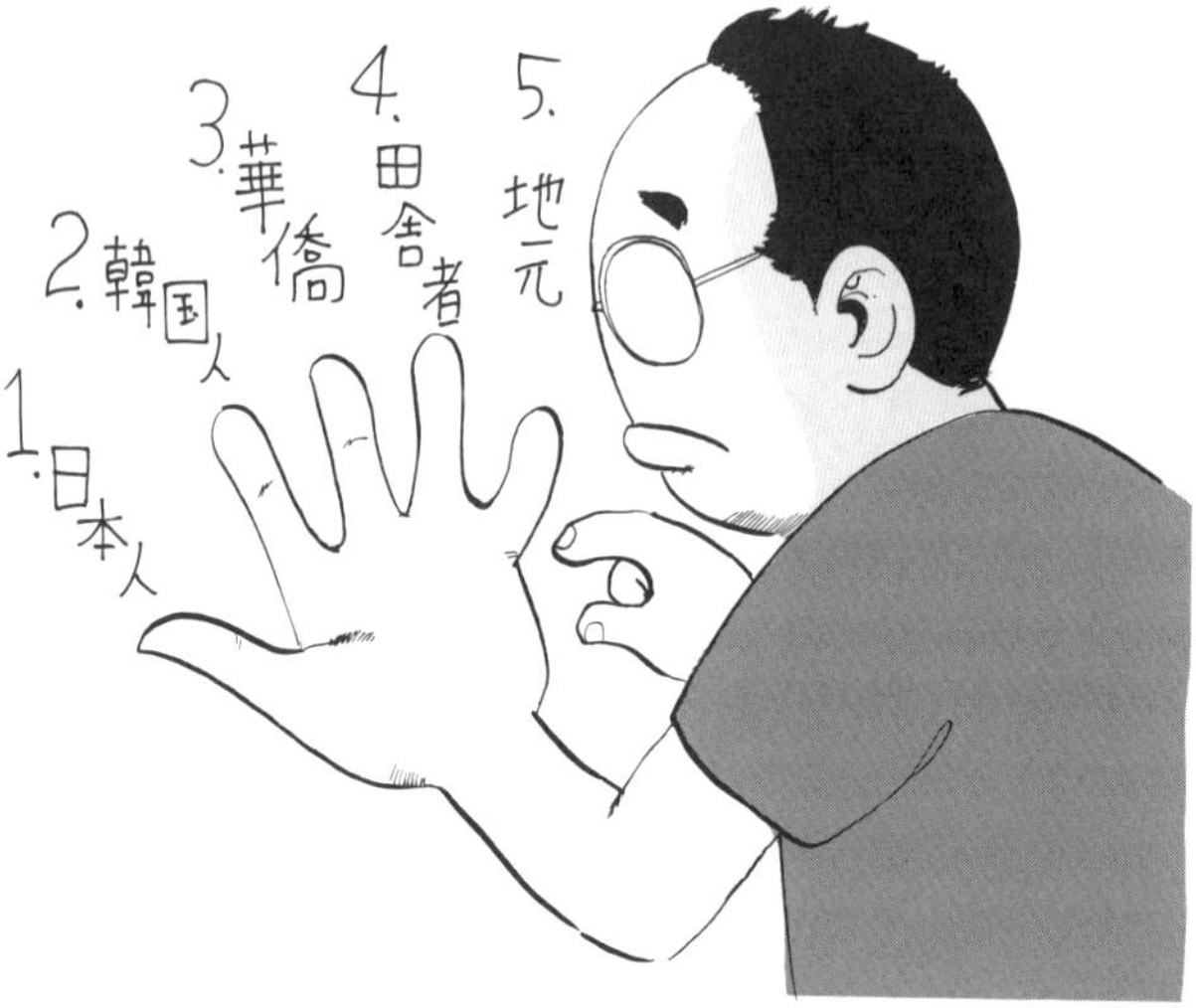

日本人は金を持っているという古くからのイメージはだいぶ薄れたとは言うが、さっきのおじいさんのごそごそは何だったのだろう。分からないことの多い中国の旅。

帰りの境内を歩いていると、太鼓橋の向こう側の池で、昔の衣装をきたモデルさんをカメラマンが撮影していた。珍しいので、スマホでそれを写した。

まるんの散文詩2

A long time ago, in China far, far away....

まるん

遠い昔。遥か彼方の中国で……

鳩摩羅什、最初の三蔵法師。スターウォーズ的に言えば最初の〈ジェダイ〉またもやスターウォーズ的表現をすれば、アウターリムの王子。アナキン・スカイウォーカーとナブーの元女王パドメ・アミダラ議員の合体だと言えば早い。アナキン・スカイウォーカーは元老院議長パルパティーン（ダース・シディアス）のシスが映画「スターウォーズ」の筋書きだが、鳩摩羅什はちょっと違う。三五〇年 インドの名門貴族出身でカシミール生まれの鳩摩炎（クマーラヤーナ）を父に、亀茲国の王族であった耆婆（ジーヴァー）を母として亀茲国に生まれる三五〇年～四〇九年〈三四四年～三四三年説もある〉の亀茲国の王子。サンスクリット語：कुमारजीव、Ｋｕｍａｒａ：ｊｉｖａ、クマーラジーヴァが正しい表記。記録には新疆ウイグル自治区クチャ県出身の西域僧とあり、「後秦の時代に長安に来て約三〇〇巻の仏典を漢訳し、仏教普及に貢献した訳経僧。のちに玄奘など、多くの三蔵法師が現れた。時にのちの玄奘と共に二大訳聖と言われる。また、真諦と不空金剛を含めて四大訳経家とも呼ばれる。三論宗・成実宗の基礎を築く」と記されている。

略年譜をネットから引用する。

・三五六年　母ジーヴァーと共に出家。
・三六〇年代　仏教における学問の中心地であったカシミールに遊学。原始経典や阿毘達磨仏教を学ぶ（筆者注十歳）。カシュガルで十二歳にして梵語の『転法輪経』を講じ、五明を学ぶ。
・三六九年　受具し、須利耶蘇摩（スーリヤソーマ）と出会って大乗に転向。主に中観派の論書を研究。
・三八四年　亀茲国を攻略した前秦の呂光の捕虜となる・も、軍師的位置にあって度々呂光を助ける。以降一八年、呂光・呂纂の下、涼州で生活。
・四〇一年　後秦の姚興に迎えられて長安に移転。
・四〇二年　姚興の意向で女性を受け入れて鳩摩羅什破戒し、還俗させられる。以降、サンスクリット経典の漢訳に従事。
・四〇九年　逝去。臨終の直前に「我が所伝（訳した経典）が無謬ならば（間違いが無ければ）焚身ののちに舌焦爛せず」と言ったが、まさに外国の方法に随い火葬したところ、薪滅し姿形なくして、ただ舌だけが焼け残ったといわれる（『高僧伝』巻二）

記録ではこうである。しかし、さすらいの旅人、まるんは別の資料や状況判断から別の視点を持つ。それは、

・四〇二年 姚興の意向で女性を受け入れて（女犯）破戒し、還俗させられる。以降、サンスクリット経典の漢訳に従事。である。将軍「呂光」の捕虜になった時からすでに鳩摩羅什は「呂光」の拷問に遭っていた。女と長時間同室に監禁するなど、当時既に高僧であった鳩摩羅什を（女犯）の〈破戒僧〉にし懐柔するための、下劣な策である。三八四年 亀茲国で父も殺され、無知で傲慢な「呂光」の捕虜となる。そして生きるために（女犯）の〈破戒僧〉に身をやつす。結果、軍師的位置で呂光を助けるという状況を見いだす。彼がしたかったのは静かな研究であった。無知で下劣な「呂光」と一八年の涼州で生活。

アナキン・スカイウォーカーはナブーの元女王パドメ・アミダラと許されぬ関係になった。ジェダイの（女犯）である。

しかし、鳩摩羅什は自分を許さなかった。彼は「長安で約三〇〇巻の仏典を漢訳、仏教普及に貢献の訳経僧。三論宗・成実宗の基礎を築」いた。三千人の弟子を使いひたすら訳した。しかし訳者が訳すとき、その思想も織り込まれる。彼は、経典を思い切って訳した。代表的な部分が「般若心経」にもある「色即是空　空即是色」の文言を経典に入れたと云う事。これが、漢訳した鳩摩羅什メッセージである。（女犯）の〈破戒僧〉だからこそたどり着けた境地かもしれない。

遠い昔。遥か彼方の中国で時は移り阿倍仲麻呂の死後四年後に生まれた留学僧。よく知られた貞観の治の長安青龍寺、恵果和尚に弟子入りした日本からの決して若くない三十歳の留学僧がいた。彼の名は「空海」

平成三十年葉月朔日　以上焔発表詩

3

「はら」

聞いてくれ、これから話すのは、ひときわ情けないどっひゃー!体験だ。

俺の西安暮らしも七日目になった朝、猛烈な腹痛に見舞われた。どっひゃー!?トイレは近いし腹痛がひどい、額には脂汗。正露丸を服す。

しかしながら効果がない。中国語を解せない俺は病院にも行けない。

ひたすらエビのように丸くなり、「腹いてー」「はらいてー」とうめくだけである。

今日の探検は中止と心に決め、部屋の扉のノブに「起こさないで」の意味の札をかけ、ベッドの上で、脂汗を流して丸くなること一時間。

突然ドアのカギがガチャガチャといい、何者かが侵入を試みている。さては、不在時の物取りかと、緊張がはしる。

油断しないようドアだけには視線を外さないようにしていると、従業員のユニフォームを着た小太りのくーにゃん〈若い娘〉が、私にむかってニコニコしながら「ハラ」「ハラ」「ハラ」「ハラ」と「ハラ」を連呼しながら、入ってきて、バスルームのタオルやその他のものを新しいものと交換する。

俺も、苦しい状況ではあったが、「そう、腹」「腹」「腹いてー」「腹」と答えると、若い小太りのくーにゃんは、ニコッとして、さっさと出て行ってしまった。

俺はうすれかけた意識の中で「なんで、腹が痛いことが分かったんだ。丸くなっていたからか」と考えたが、やがて、眠りの中へ引き込まれてしまった。

翌日、中国人の友人に、この謎を話すとそれは、「好了」〈はおら〉ではないか、つまりベッドの上でまるくなっていた、俺を見て、「大丈夫よ」「大丈夫よ」「大丈夫」といったのだといい、俺も「ハラ」「腹」と答えたので安心して出て行ったのだろうという見解であった。**どっひゃー!!**となる。

しかし、なるほど、それなら辻褄《つじつま》があう、状況にも合致する。小太りのくーにゃんは、俺などはどっちでも良く、自分の仕事を果たしただけなのだということに納得する。

ベッドの上にいた「トド」などはどうでもよかったのだ。

こんな**どっひゃー!**な行き違いは沢山ある。

4

馬将軍、現る。

この話は、ちょっと深いどっひゃー!体験。謹んで聞くように。

まずは俺の蘊蓄《うんちく》、というか、『地球の歩き方　西安　敦煌　ウルムチ'18－'19』（ダイヤモンド社）からの引用。

1974年井戸を掘っていた農民によって偶然発見された兵馬俑は、中国初の皇帝である陵墓を守る副葬品として作られた兵士や馬の陶製の像だ。兵士像は平均身長178cmと等身大であるうえ。顔の表情も一体ずつ微妙に異なるといった懲りようで、この造営がいかに莫大な労力が投入されていたかをうかがい知ることができる。（54ページ）中略

1号坑、2号坑、3号坑と合わせ、秦軍の構成を忠実に再現したさまにはただ、驚くばかりだ。文物陳列庁では実際の2分の一サイズで製作された2組の銅製馬車を展示しており、その製造技術の素晴らしさを知ることができる。（55ページ）

俺は、その八千体の軍団を目の当たりにする状況にいたった。

そこで、まず普通に**どっひゃー！**だ。

兵馬俑の写真は見たことがあるだろう。まさしく写真のように整然と整列しているからだ。しかし、俺にとっては、距離が遠いのと、「兵士の俑にはどれ一つとして同じ顔をしたものはない」の部分については言われてみれば「へー、そうなのか」ぐらいの感動しかない。

その理由は、俺の目が悪いのと、個体識別能力が低下しているせいだろう。どの顔もだいたい同じにみえる。まあ、目があって鼻があって、口がある的識別能力であるか。

だいたい、本音を言うと、始皇帝陵兵馬俑坑1号坑の大軍団を目の前にして、数の多さと、広大さに完全に圧倒されて、だれだって**どっひゃー！**ってなる。

だから、個体の識別までいかない。まあ、一度自分の目でご確認されるがよろしい。

修復、発掘作業は今も継続している様子も公開されていた。気の遠くなるような人海戦術である。沢山の俑が整然と並んでいる。そのなかで、頭部のない俑があることに気づいた。観光案内兼通訳として同行していただいたAさんは、次のことを俺に知らせた。

話の内容は次のようなものだった。

「始皇帝陵兵馬俑坑の発見以前からこのエリアには兵馬俑で使われていた頭部が時々出土していた。村人はよくその意味や価値が分からないまま、掘り出しては、農作物を守、案《か》山子《かし》の頭部として活用してきた」ということ。もう一つは「咸陽を劉邦から手に入れた、項羽は始皇帝陵兵馬俑坑の話を聞きつけ、全部掘り出させて、火を付けて燃やしてしまった」ということ。なるほど、阿房宮などの話から類推するにあり得なくもない話だと聞いていた。

Aさんは、「まるんさん、見てください。よーく、見ると所々に項羽が焼いた時の墨の後が黒く見えるでしょう。わかりますか」とありがたい説明をされた。「どれどれ、どこだー」と思いながら「いわれれば、そうも見えなくもないが、目が悪いからよくわからないなぁ」などと、とぼけたことをいっているので、Aさんは内心あきれたと俺は推察する。

次に連れて行かれたのが、「武士俑（兵士俑、歩兵俑）」「御手俑（御者俑）」「立射俑」「跪射俑」「騎兵俑」「将軍俑」「軍吏俑」「文官俑」「百戯俑（力士俑）」「楽士俑」などと沢山ジャンル別に収集された展示コーナーだ。「いゃーいろいろある。それにそれを見る沢山の人だかり。満員電車並だ。」混雑ぶりにどっひゃー！と思う。もちろんここは中国。順番待ちなんかしない。我先に見る。地下鉄での「文明乗車」の襷《たすき》の係員がここにも必要だ。

さて、色々あるその中で、俺が気になったのが「将軍俑」。

俺の眼前に突然現れた。「なにやら、ぼーっとして突っ立て居るだけのおじさん」の雰囲気をもつこの俑になぜか惹かれた。

他の俑はなにか緊張感がある。しかし、「将軍俑」からは、のほほんとした雰囲気を俺は感じたからだ。

さらに続く、「将軍俑」の解説では「兵馬俑としても数が少なく、出土したものは10件に満たない。戦袍を着た将軍と鎧を着た将軍の2種類がみられ、いずれも頭の髷の上に鶡冠を載せている。」とのこと。こういう、レア度を強調される記事を読むと、俺は「なになに、数がすくないとな。ということはこりゃレアものだな」といつもの通り、非常に安っぽい価値観も追加されたことも原因のひとつであり、そんなことから妙にこの「将軍俑」を気に入ってしまった。

観光案内兼通訳として同行していただいたAさんに、「これ、いいね、いいよ」。と伝えると、彼女、怪訝《けげん》な顔をして「はぁ、そうですか」と。やはり俺とは違うようだ。

最後の出口付近に、記念写真撮影のコーナーがあった。既製の兵馬俑の写真に撮影した

観光客の顔をはめ込む（合成する）手法で記念撮影としていた。はめ込み写真だが、専用のソフトで色調、色合いは遜色なくリアリティをもった作品が仕上がる。値段は100元。俺は、「いい記念に」とAさんにお願いをしたが、彼女「まるんさん、高いですよ、高い。ここは観光地なんだから、何でも高く売るんです。」と、なかなか通訳してもらえない。仕方がなく、いったん外に出て、Aさんに再度懇願する。俺のこの幼稚な発想に、小さい子でもあやす母親のように「はい、はい、わかりました、まるんさん。でも値段の交渉は私がしますからね」といわれ、俺は、おもわず中国語で「明白了、謝謝」と拝んでしまった。

撮影はすぐに済み、出来上がった写真をみて、俺は「♪〜」。Aさんは「………」。

まあ今回は、Aさんの方が俺の幼稚な発想に**どっひゃー！**と俺の中にある異文化を見た瞬間かもしれない。

かくして、「中国秦兵馬俑、馬将軍像」が誕生した。（あっ、まるんの本当の中国語表記は「馬閏」）

兵馬俑を後にしたが、それ以後**どっひゃー！**となる、大変なものをみることとなる。兵馬俑への幹線道路はずいぶん整備され、高速道路へのアクセスも改善されているのはよく分かったが、なんせ、中国各地から観光にバスや車で訪れる人で道路は身動きがとれない。

Aさんのご主人の愛車にのせていただいたのだが「まるんさん、大変渋滞するから、早い時間に退出してください。」とのリクエストがあったので「中国秦兵馬俑、馬将軍像」をゲットした俺は、前述のごとく「♪〜」で彼の愛車に乗り込んだ。

で、いきなり**どっひゃー！**と驚く。駐車場から出られない。車が動かない。すごい渋滞。そこでAさんのご主人は、スマホアプリを使って抜け道で迂回することにしたようだ。

その途中で、俺は**どっひゃー！**と驚くべき物をみることとなる。

道を何度も曲がり、田舎道を走り、木々の間に垣間見た物。それは、ついさっき大量に見た「武士俑（兵士俑、歩兵俑）」。もの凄い数、並んでいる。**どっひゃー！どっひゃー！**である。

俺は驚いた。「なんだこりゃ、こんなに大量にある。なんだぁ」

興奮している俺に対して、正反対に、落ち着いた口調でAさん曰く

「あっ、これ偽物ですね。販売用の偽物です」

ご主人「そうそう、欲しい人に高く売りつけるようです」

この冷静な二人のリアクションに、俺は再び**どっひゃー！**

俺「だって、偽物販売はまずいんじゃないの」

Aさんの冷静な解答「たぶん、一言も本物って言っていないんじゃないですか。みんな自分の家を飾る置物にしたいからね。ここから買っていくことに価値があるんだと思いま

す。」

俺「……本物とか、偽物とか関係ないんだ……」ここにも**どっひゃー!**の異文化体験。

後日、日本の博物館が偽物をつかまされたという記事を知った。兵馬俑関連の記事だった。なんでもその兵馬俑、購入に際し何らかの方法で年代測定したらしい。

ここで「俺の蘊蓄タイム」。

なんでも、本物の兵馬俑はすでに地中でバラバラに出土するからそれらを集めて、細かく砕き、再度粘土化して「兵馬俑」として仕上げる。博物館だから、当然、偽物か本物かは確認する。たとえば、放射性同位元素等で年代測定をしたりする。でも、元々本物の兵馬俑の残骸だから、年代も正確に出る。中身が同じだから。何やら成型肉と似たような発想だ。

(※ここでさらに俺の蘊蓄《うんちく》の注…成型肉(せいけいにく、成形肉とも)は、細かいくず肉や内臓肉を軟化剤で柔らかくして結着剤で固め、形状を整えた食肉。牛肉の赤身に牛脂や食品添加物などを注射した、「インジェクション加工」と呼ばれる処理を施した牛肉も含まれる。圧着肉もしくは結着肉とも呼ぶ。)

だから俺とすれば、これば「成型兵馬俑」と呼ぶのが正しいのかもしれない。だいたい、「兵馬俑」が完全な形で出土するなんてめったにあり得ない。あったら売ったりしない。売るのはせいぜい「成型兵馬俑」もしくは、「完全な偽物」**どっひゃー!**ここにも異文化体験あった。

だいたい、俺の話したことをM氏が「エッセイ風物語」として文字にしているが、これも「成型エッセイ風物語」が正しい標記じゃないのかなあ。

まるんの散文詩3

詩　スターフライト

中國東方航空MU九八一六便一三時三〇分発上海虹橋空港行き、機材都合で羽田を一五時〇〇雲発にディレイト。

中國東方航空MU二一六八便一九時三〇分発西安空港行きにトランジットするためには、間に合わない。

そんな小さなドラマのあと続く「静」。そして、突然の「動」。バックしたかと思うと突然に夜空へ。機内英語のアナウンスで「スターフライトをお楽しみください」という言葉とともにミッドナイトスカイへ

急角度で上昇する機内から一気に広がるイルミネーション。

☆

突如眼下に広がるナスカの地上絵。真っ黒な大地に、縦横に走る光の道。
☆☆
幾何学模様の光のオブジェが表れては消え、消えては突然に表れる。
☆☆☆
宮澤賢治の「銀河鉄道の夜」が眼前で展開する。
☆☆☆☆
はるか遠くにアンドロメダ星雲が見える。遠方の巨大都市の光だ。
☆☆☆☆☆
やがて　突然眼下に、巨大都市の夜景が出現する。地形をしっかりと網膜に
☆☆☆☆☆☆

親切な良き友人夫妻は、西安空港で三時間もまっていたという。謝謝
西安到着はもう午前様。で大雨、というか豪雨。西安でも珍しいとのこと、それで飛行機は三時間も上海で待機していた理由を初めて友人から聞かされる。

5

鴻門之会について

この話は、あまりに**どっひゃーー!**度の強烈だった話だ。

どっひゃーー!樊噲が違う。全然違う。と、俺は叫ぶ。

まず、俺の語る概略

「鴻門之会」という話は、高校漢文で多く採録されているという。

ストーリーはこうだ。まず、秦攻撃軍のBチームの劉邦〈沛公、以下略〉が秦の本拠地である、咸陽を攻め落とす。Aチームの項羽軍が函谷関に着たところで通してもらえず足止めさる。これに怒ったのはAチーム項羽。劉邦が自分を出し抜いて王となる気だと入れ知恵され、怒って殺そうとする。これを知った、劉邦の仲間の項伯・張良が裏で調整し、鴻門の地で弁明するチャンスを設定した。これが有名な「鴻門之会」。

この「鴻門之会」の場所が見学できるようになっており、ちょっとした観光スポットでもある。もちろん大量に押し寄せるバスやマイカーのために大渋滞が発生する「秦兵馬俑」や、「華清池」（楊貴妃）ほどの人気はないが…。

今回の異文化体験で俺がびっくりしたのは樊噲の扱い。

「鴻門之会」の現地では簡単な劇が無料で日に何回となく上演されている。おもに観光客や子供向けの演出だ。だから田舎芝居はわかる。でもだ、でも、樊噲が違う。

この史記のくだりは樊噲がスターだ、センターだ、と、俺は思っている。これ以降知る限りほぼ脇役だからだ。

ここで樊噲の役回りを確認する。彼は参乗（さんじょう）、つまり警護役として劉邦に付き従っていた。

当時の馬車は三人乗りの二輪であることが一般的資料から読み取れる。三人とはドライバー、VIP、ボディーガード。つまり御者と隊長で参乗。

この場合は劉邦の主任護衛隊長かな、現在でいうとシークレットサービス。おっと違った日本ではSP隊長。

現地に着くと、暗殺の陰謀のため、項羽は本営には劉邦と張良のみしか入れない。理由は宴の席で、劉邦を暗殺するのだから。まあ項羽的には暗殺にはあまりこだわってなくて、どっちでも良かった的「史記」の記述はあるが。

それで「范増しばしば項王に目し、佩《お》ぶる所の玉玦《ぎょくかい》を挙げて、もってこれに示すこと三たびす。」の暗殺決行の合図の部分は省略。しびれをきらした范増の陰謀で剣舞が始まる。その展開を知って、宴席を抜け出した張良が樊噲に状況を伝える。そして、怒った樊噲がセンターデビューとなる。

ここから樊噲の「史記」での数少ないセンターデビューの説明。

まず、正面突破、「劉邦の危機を知った樊噲は所持していた盾で、制止する兵士を突き飛ばして倒す」ってずばり戦闘行為である。正面突破。で、帯剣・盾等の武装したまま、本営の中に入り項羽〈項王〉にもの申す。

簡単に言うと「祝勝の振る舞いがない！なんじゃ、こりゃ」と項羽に向かって、「怒髪天を衝く」の様相で現場の意見を言う。もちろん日本ではＳＰ隊長ですから迫力満点。

故事成語「怒髪天を衝く」は「激しい怒りのために逆立った髪の毛が天を突き上げる様子」を表してる。初見は史記の廉頗藺相如列伝。ちょっと大事な所なので俺が説明する。

「中国の戦国時代、紀元前二八三年、趙の恵文王が持っていた「和氏の璧《かしのへき》」という宝を、秦の昭王が十五の城と交換したいと申し出たので、趙の使者の藺相如《りんしょうじょ》が、璧と城を交換に行くと、秦の昭王は城を渡そうとしなかったため、藺相如は、髪の毛が逆立って冠を天をつき上げるほど激しい怒りの形相になり、和氏の璧を取り返した。」にある。
「怒髪天を衝く」のイメージは「アニメドラゴンボールシリーズでもお馴染みでしょう」と俺。烈しい怒りを「髪の毛が逆立つ」と表現する古《いにしえ》の人々の表現技法に感激。
その「怒髪天を衝く」の樊噲デビューで「剣舞は中止」。
そして項羽〈項王〉は彼に大杯の酒と生の豚の肩の生肉を与える。これも資料上は凄い。

則与斗卮酒。噲拝謝起、立而飲之。

解説。樊噲は酒を飲み干し、

則与一生彘肩。樊噲覆其盾於地、加彘肩上抜剣切而啗之

解説。生のままの豚肉を平らげた。

この、樊噲の不動明王のような、別の言い方をすれば、阿修羅のような形相が容易にイ

どっひゃーっ

メージできる。一番の場面である。ここが、現地でどのように表現されているか、俺は、直接確認したかった。俺が、見たかったのは、右記のような樊噲である。「怒髪天を衝く」の迫力満点の樊噲。

樊噲の出番はもう少しある。樊噲が項羽に「咸陽を攻め落としたのは、出し抜こうとしたわけではなく、項羽の来るのを待っていたのだ」と釈明し、項羽は黙り込んでしまう。以後の話は省略。ただ、樊噲のためにもう少し。

劉邦に対して樊噲は「大行不顧細謹大礼不辞小譲（大行は細謹を顧みず、大礼は小譲を辞せず：大事を成し遂げようとするならば、細かく小さなことにこだわることなく、目的に向かって突き進むべきだ）」と伝えて逃げることを薦め、連れ出し生還する。この功績により劉邦が漢王になって後に臨武侯に封じられた、とある。

それが、劇「鴻門之会」の樊噲。見た瞬間「…………」となり、そして「がっかり」。貧相な小男がトコトコやってきて、ぺこりとお辞儀をしたかと思うと、小さな、チキンのような食品サンプルを女官からもらい、持参した小さな、小さな盾の上にちょこんと置いて、これもちっぽけな剣で切って食べるまねの演技。俺は**どっひゃー！**となりながらも

「…これ……ちがうんじゃねぇ……」

劇「鴻門之会」を俺がするとしたら、一番体格のいい、背の大きい役者が適役だと思う。樊噲デビューで「剣舞は中止」になるくらいの迫力を持った役者を選ぶべきだ。

イメージガタガタで残念な気持ちでいっぱいになった。

一緒に見ていた、かわいい中国少年少女の目に、劇「鴻門之会」の樊噲はどのように写ったのだろうか。中国の正しい、樊噲の伝承が、貧相な小男とイメージがかさなるとすれば残念なことである。樊噲は参乗《さんじょう》で、つまり警護役「劉邦の危機を知った樊噲は所持していた盾で、制止する兵士を突き飛ばして倒す」正面突破。で、武装したまま、「本営の中に入り項羽〈項王〉にもの申す。」の場面ですよ。一騎当千の豪傑ですよー。

まあ、これも異文化体験か。

中国映画「鴻門之会」も見た。全部、中国語だったが、デフォルメが烈しい。ツーブロックの樊噲は、どうやって怒髪天をつくのかなあと見てたら、指食いちぎって終わり。

他にも、中国映画ではがっかりしている。本物の樊噲の描写を中国映画で見てみたい。お願いします、中国映画のプロデューサー及び監督様。

これもある中国通の先輩に聞いた話。「レッドクリフ」はなっとらんと。

中国史に疎い俺にはよく理解できなかったが、まあ、歴史描写とちょっと違うな、ぐらいにしか認識していなかったんだが。先輩曰く「なんで、あの時代まで、秦の兵馬俑頭なんだよ」とのこと。

さすが大先輩、「兵馬俑の秦の時代から赤壁の戦いまで何年たっているんだよ。時代考証ちゃんとしろ」とおっしゃりたかったようだ。

確かに「秦（紀元前二二一年－紀元前二〇六年）で赤壁の戦いは漢末期の二〇八年、長江の赤壁で曹操軍と孫権・劉備連合軍の間の戦い」だから軽く四〇〇年。すべて同じ髪型かどうかと言われると自信がない。之《これ》こそ異文化体験。江戸時代ですら、何回も流行の髪型がかわったことを知っている俺には、新しい指摘。**どっひゃー！**あぉおー、異文化体験。

俺は「樊噲怒髪天をつく」を知りたい。見たい。

6

西安探検

ここは、前にも触れたが、上海空港のトランジットには第一楼から第二楼、日本風に言えば国際専用ターミナルAから国内専用ターミナルBに移動する必要がある。この場面は先にも書いたが（80頁）、イミグレーションを抜けたので、一番高いところに座っている、偉そうな肩の星の数が多そうな隊長みたいな人にチケットをだして「第二楼に行くにはどうすればいいのか」と英語とジェスチャーで聞いた。

隊長は「なんだこいつそんなことも知らないのか」と高飛車な態度で左側を指さし「メタル」といった。とても聞き返せる雰囲気ではなく、仕方なく指さした方へ進むこととした。「メタル」「メタル＝金属」そうか金属だから電車かなど「メタル」の意味を考えて歩いて行くと「ＭＥＴＲＯ」と書いた標識が見えてきた。そこで初めて「メタル＝メトロ」の意味がつながった。手元の資料には一駅だという。ところが歩けど歩けどなかなか、駅の入

まるんの背中。こんな姿で旅をした。

り口がない。焦らぬように人の流れを観察し、多くの人が進む方向へと歩いた。

（※俺、まるんの注…「メタル」は「メイトー」の聞き間違いという説もある。（neitóu 那头儿）

やがて、見えてきた階段を降り切符の販売機を発見した。

中国人の若い友人B氏に「中国人の英語は中国語訛りがひどくて、全然通じなくて困る」といったらB氏は「まるんさん、何言っているんですか、日本人の英語の方がよっとぽどわからないですよ、だいたい日本語には外来語という特殊な言葉がある。カタカナ英語の発音じゃあ」と流暢な日本語で言い返された。その後こんな話を聞いた。

日本人と中国人とアメリカ人の三人がい

て、前出のような会話になると、アメリカ人は笑っているばかりだという。どっちもどっちということか。

中国の古い友人C氏からの次の様なアドバイスを旅行前にもらった。「いいですか、日本語を使ってはいけません、会話は英語でお願いします」「困ったらウォーカントゥン、カントゥン（我、広東、広東）と言ってその場をはなれなさい」。さらにこうも言われた。「ふだん持っている服で一番古いものを着て来てください」と。

てなわけで、俺は西安の町に出た。

ビクビクしながら地下鉄二号線にのり、「安遠門」駅で降りる。地下鉄から地上にでると、どこがどこだか分からない。仕方なく、太陽に位置をたよりに、南に向かって歩く。なんで西安でボーイスカウトの知識を使うんだ、と自問するが、初めての地名なので、それも日本の漢字とは違う、略字なので読めない。英語表記に至っては、発音すらできない。不安に進むことしばし。やがて眼前に「安遠門」（北門）が現れる。おー、さすが西安。でかい、高い。西安城壁。

仏教経典翻訳の中心地である大興善寺、ここで初めて日本の寺と同種の匂いを味わう。

俺は日本では四国八十八個所霊場巡礼を最終ゴールに、百観音巡り（西国三三・板東三三・

秩父三四）や百八不動巡り（近畿三六・北関東三六・関東三六）を始め、円覺寺百観音、関東八八観音他多数を巡礼しているので、寺は少しは詳しい、というか落ち着く。

まあ、日頃の悪行の数々が少しでも浄化できればと言う、虫のいい動機ではあるが。

大興善寺は参拝客が沢山いた。家族単位が多い。参拝形式は中国時代映画にでてくるままの形式だ。なぜかホッとする。やはり知っている文化に触れると心が和らぐ。参拝者の服装はもちろん現代人そのものだが、所作がいい。「おー、仏教文化」となにやら嬉しくなる。

日本でも、宗派によって礼拝形式が異なるのだから、長ーい線香を扇上に立てて参拝するくらい、どーってことない。むしろ、あー、映画と同じだ。と感激こそする。感激のあまり、隣接する仏教用品の売店に行って、僧服を上下購入する。もちろん、中国語なしのボデーランゲージ。贋の中国坊主のできあがり。あーあ映画「少林寺拳法」シリーズの見過ぎのせいかな。

同じように、「ブルース・リー、ジャッキー・チェン」の好きな俺は、映画のようなチャイナ服もゲットした。ムフフフ

小雁塔（薦福寺）を見て西安博物院、地下展示室で、久々の「爵」に出会う。また嬉しくなる。「爵」だ「爵」。古い時代を扱った中国映画でよく出てくる「爵」。三本足、雀の様な尻尾。

そして俺の最大の興味の的「菌」。なんじゃありゃ。である。なんでそんな物に拘ってい
るかというと、ＤＶＤ「項羽と劉邦」で興味をもったからだ。大抵、場面は「ぴーしゃー、
ぴーしゃー。マンセイ、マンセイ、マンマンセイ」の付近に出現する。あの謎の形状の酒
器。俺は機会があるたびに「菌」について、聞いてまわっている。

一度、日本では中国文物のではかなり有名な先生にそのことを聞くことができた。諸説
あったが、親切なＹ教授は図解入りで解説してくれた。

以下もらった解説。

最も早い時期の爵にも柱が付いていると図を提示
爵の形をそのまま図形風にしたもので、脚が付いていて、口の上に立っている突起のような
ものまで、よく表現されている。

中国のウィキペディア「百度（Bai du）百科」の解説
（文）礼器也。象爵之形。中有鬯酒，又持之也，所以飲器。
象爵者取其・・（雀・啙啙・音・・・制・酒之意、故用雀形）
『説文』に、（この字の意味は）礼器である。「爵」の形に象っている。
中に鬯酒（香草で香り付けした酒）があり、手で持つことができるから、飲む器である。「爵」に象っ
ているものは「鳴節」（の意味）によっている（雀）は啙啙［ヂェヂェ」と鳴き「啙」の音は「節節」

［ヂェヂェ］であり「節」は飲酒を制限する意味であるから、雀の形を用いる」→「説文解字」は後漢時代の著作であり、儒教的にニュアンスが感じられ根拠とはしがたい結局のところは、よくわからない。（Y）

この解説には、感動した。偉い先生だから、なんか理由をつけて説明すると思っていたら、詰まるところ「よく分からない」であった。このことは、ともすれば、何らかの理由をつけて解決しようとしていた俺の額をぶち抜いた。「分からないものは分からない」。なんとスマートな回答だ。「子曰、由、誨　女知之乎。知之為知之、不知為不知。是知也。」をまさしく地でいく回答だ。訳は一般的にはこうだ〈「孔子先生はおっしゃいました。「由よ、お前に『知る』ということを教えてあげよう。きちんと知っていることを〝知っている〟とし、きちんと知らないことは〝知らない〟としなさい。これが知るということだよ」と。〉恐るべし中国文化。「爵」はそのくらいにして、西安の探検を続ける。

「広仁寺」はチベット仏教の寺。チベット仏教の高僧が、皇帝と拝謁するためにスタンバイする最前線基地の意味を持つ。屋根が金色なのですごく目立つ。清の康熙44年（一七〇五年）に康熙帝の命により建立。仁慈を広く伝えるという意味の広仁寺。チベット、モンゴル、青海、甘粛などの、多民族を仏教により団結させ西北地域を安定させるためのものだ。

最初に「安遠門」（北門）から西安城壁に登り西進した時、眼下に見えた派手な屋根がこの「広仁寺」。繰り返すが、屋根がピカピカ。目立つ。大体、西安の正方形の城壁は、まあ、メインは南門の永寧門かもしれないが、俺的には、西門の安定門としたい。「なぜかって」だって敦煌を経由してローマまで続くと言われる、「シルクロード」の正面玄関と踏んでいるからだ。まあ時代や王朝によって微妙に変わるが、基本西安ゲートは西門の安定門でしょう。そういえば井上靖は安藤更生と一九六三年に西安来てるんだよなぁ。などと記憶がよぎる。今頃じゃなかったっけ（実際は九月末〜十月末）などと、断片的な知識が走る。おっと脱線。

「広仁寺」の屋根ばかり話題にしてるが、こうやって、下から見上げると、でかい。だから屋根の軒に自然に目が行く。とこで久々の**どっひゃー**。

で、でた「卍」だ。寺だから卍なんて当然でしょうというあなた、違う。卍と卐がやたら組み合わさっている。巡礼好きだから、いろいろな寺は見ているが、「なんじゃこりゃ」と息をのむ。それが軒にずらーりと勢揃い。壮観だ。日本では「左卍と右卐」といい。一般的に、「左卍」をさす。「右卐」はご存じナチスドイツの「ハーケンクロイツ」ヨーロッパで嫌悪されているマークだ。それがごちゃごちゃになり、ズラーリと勢揃い。

流石チベット仏教の寺。俺の浅ーい記憶では、確かチベット仏教が源泉で「左卍」が日本方面へと流れ、「右卐」がドイツ方面へと流れたというのを昔なんかの本で読んだ。そして。「左卍は和」の象徴で「右卐は力の象徴」だったかなーという曖昧な記憶がこの「卍と卐がやたら組み合わさっている軒」をみて、わずかな知力が底をつく。

後日になって、大雁塔にいったときもおなじものがあった。もうその時は驚かなかったが、他にも西安の寺には注意してみると「卍と卐と卍と卐がやたら組み合」わさったものが随所にある。つくづく西安はシルクロードのハブ空港的位置。温泉で言えば、「源泉」なんだなあと関心する。余談だが「右卐」愛用チームはナチスドイツだけではない。ヨーロッパのみでも調べたら沢山あった。

・ポーランド陸軍ポドハレ第21・22山岳歩兵師団第1～第6歩兵連隊の連隊章
・フィンランド［一九一八年～一九四四年］鉤十字に類似の「ハカリスティ」(Hakaristi)が空軍、陸軍の国籍標識として使用
・スウェーデンの会社ＡＳＥＡ（現在スイス企業アセア・ブラウン・ボベリの一部）
・ラトビアの伝統的な文様。ラトビア独立時から一九四〇年ソビエト連邦侵攻まで空軍、陸軍の国籍標識

まあ元々が「右卐は力の象徴」だから、しかたないか。ナチスのイメージが強いがそれだけでないと知って、目の前の「広仁寺」「大雁塔」の歴史的事実を目の当たりにすると、なんだか歴史の悠久さを感じずにはいられない。

「鐘楼」「鼓楼」は西安の中心地にあって一見の価値がある。いったが、歩き続けたので疲れ果てて、よろよろだった記憶しかない。まあ立派だった。多分十数キロ近く歩いた後だったから。

「碑林」、書家の聖地。「九成宮」と「顔真卿」くらいしか見分けられない俺には、「うーむ」「猫に小判、豚に真珠」だな。ずらりと並ぶ石碑にただただ驚き入る。文字を見ても「うーん漢字が沢山ある」くらいの感覚。私立探偵のごとく、拡大鏡で文字を鑑賞している大書家風の方の横で、ぼーっと碑を眺める。何がすごいのか分からないから、人だかりを後ろから、のぞき込む。

井上靖は一九六三年安藤更生とこの地を訪れこんな一文を残している。「世界的にも有名な碑林は（略）各時代の碑が林立しているいくつかの部屋の持つ雰囲気は異様なもので、それぞれ何の連関なく、ばらばらに石に刻まれた精神は互いに反撥しているかのようであった。どの部屋にも何人かの労務者が碑の拓本をとる作業に携わっていた。碑面をたたくタンポの音が蝉時雨のようにやかましかった」。

井上靖は、「碑林」をお気に召さなかったような表現である。俺は前述のとおり。そんな俺でも、「碑林」までの道のりの両側はすごいと思った。浅草の浅草寺を思い出す。ただ、浅草と違い、食べ物屋の代わりに、「筆専門店」「硯専門店」「紙専門店」が文字通り軒を連ねる。

「碑林」に行ってきたことを、大学で書道学科に籍のあるえらい先生に自慢げに話したら「ああ、あそこねー、ピンからキリまであるんですよ、まあ、そこそこです。他にもあるんですけどね」。

これを聞いて「やゃ」っと昔の記憶がよみがえった。そう、「ラーメン横丁」。あぁ、徒然草の「仁和寺にある法師」と自分が重なって思えた。

「華清池」。ここは「兵馬俑」と並んで鉄板観光地。「兵馬俑」見た観光客が、そっくりこっちに来たともいえる位の観光地。人の波。人の波。「華清池」はなんと言っても、白居易の『長恨歌』が、高校の漢文の教科書に載っていることからも、日本人には鴻門之会の次になじみがある。華清池の見所は三つ、「長恨歌の巨大な碑」「楊貴妃像」「楊貴妃がつかう「妃子湯」（芙蓉湯、蓮花湯）」なんせ驪山という山の麓なのでそれだけで体力の限界で撤収となる。

人多過ぎ。観光地。あと。修学旅行のグループ別行動みたいな、小学生や中学生、高校生と、もう大変。何だろう、「金閣寺」「清水寺」うーんもっとすごいかな。

そんな中に、高校生のグループ発見。明らかに男女一ペアだけが浮いている。どうみても美人女子高校生が、イケメン男子高校生を狙っているという状況。「うーん、肉食女子の前の草食系男子の図ズバリでしょう」と俺は確信した。

国や言葉は違ってもなんだかわかりやすい状況。

そういえば地下鉄でも話しかけてきたのは。美人の女の子だったよねー。

うーん、中国美女万歳。楊貴妃万歳。人類の繁栄に万々歳。

まるんの散文詩4

まるん

詩　女子大生

西安初日。九月二十三日
あこがれの大学の正門をくぐる
ママが先頭、次が私、パパが最後尾。

憧れの大学。

ママと私がキャリーバックを引く、パパは手ぶらでシャツをたくし上げ、お腹をだして歩いてる。

私とママは恥ずかしいから、歩く速度が速くなる。

校内は正門から大きな図書館につづく三百メートルはあろうという長いまっすぐな道。三車線はあろうと思える広い道が続く。

両側には高い街路樹が並び、その間から赤地に白文字で書かれた文字。

「全国各地より入学したみなさん、私たちは全校の学生・スタッフであなたたちを熱烈に歓迎します。」〈全校師生員工熱烈歓迎新同学〉

キャリーバックを引く三人の集団。みんな誇らしげだ。とくにお父さん達。

至る所で小さなドラマが展開している。

あれ、どうしたんだろう。白い新しいベンツに人だかりができている。

近づいて判明した。

お父さんの運転で、初めての都会に。慌てたお父さん、側溝に脱輪して、人だかり。きっとベンツ乗車の娘は「お父さんたら、私の自慢と新車を見せびらかしたかったのに、もー。他人のふりをしようかな」と思っているだろう。

そのベンツをみれば、「陝A」ではないナンバープレート。「□A○○○○」の意味は、□はその省の最初の一文字。Aはその省の中心地で発給されたライセンスプレートナンバー、だからB・Cとなるほど地方発給ということになる。きっと車内の娘は「お父さん、すぐ自慢していつも失敗するんだから、まったく」になる。

当局の交通公安（警察）も慣れたもので、A以外の車をよく停車させている。Aナンバーは止められない。Aナンバーは道を知っていて、それ以外は、おろおろ走っているのもまた事実だが。

父親のあたりを睥睨するような態度。「自慢の子供を名門大学に入れた、どうだ。」

母親は、今夜から始まる子供の寮生活に何が必要か、何はどこに行けば用意できるのか、必死

メーカーはミツビシではありません。「イツビシ」です。

な様子。

一人娘の女子大生になるご本人は、スマホ片手にウイチャット（中国版ライン）に夢中。

この三者三様の組み合わせが随所に見られる。

三人連れの多くの集団。両親と子供。服装も体格も違う三人の集団は、前述の要素をはらんで大学校内を寮に向かって、一筋の大河の様に流れる。

番外編

デザートラビッツ物語

今度は、日本国内での**どっひゃー!**体験の話。

■先生と信者

俺は、フジワラ曹長と兵器見本市でクロークの仕事をしてた。フジワラ曹長はにこやかな笑顔を絶やさない中年男性である。なんでフジワラ曹長なのか。それは、☆の代わりに、うさぎの顔のイラストを入れた「曹長」のシェブロン(アメリカ陸軍階級章)のワッペンも販売していたからだ。彼は〈先生〉と呼ばれていた。なぜ〈先生〉と呼ばれるかを、俺は、そのとき知るよしもなかった。他にも、赤とタンカラーのワッペンを並べていた。

〈忍法、耳ダンボの術〉をつかって盗聴した結果、先生と話し込んでいた人は、熱心な〈先生〉のファンで熱烈な信奉者だったということを確認した。それなら信者と教祖のようなやりとりも頷ける。いったい、どんな〈先生〉なんだろう。

〈先生〉の名前は 藤原芳秀。

どっひゃーー!本物の漫画家だ。そんな先生とこんなところで出会うとは。超異文化体験と驚いたり感動したり。

しかし、残念ながら、先生の漫画は読んでなかった。そこで、あわてて、『ジーザス』、『闇のイージス』(小学館)を全巻読破。そして、先生の売っていたワッペンの意味を理解した。

先生と仲良くなった俺は、どうすればワッペンが売れるかを相談した。

大人のオジサン同士の相談である。喫茶店などでは行わない。池袋のいい感じの居酒屋で、「ワッペンどうやって販売するか作戦」の秘密会議である。

会議は六時間にも及んだ。そして、先生の作品の漫画という二次元から具体物という三次元化によるキャンペーンになった。秘密会議ではあったが、大変中身の濃いものであった。ただし、二人とも最後の方は酔っぱらっていて、よく覚えていない。

はっきりしていることといえば、次の日の朝、猛烈な頭痛の来襲があったということである。反省した二人は、それ以後東武東上線のとある駅に拠点を変え夕方四時から六時というレギュレーションを作り、密談を繰り返した。その結果できたのが次の設定である。

以下、作品世界紹介のためのスピンオフした俺、まるんの創作話。

＊　＊　＊

昔、昔の物語。「砂漠の兎（デザートラビッツ）」という西側企業の傭兵部隊があった。かつては、カダス共和国において東側の独裁政権を倒す事に成功した歴戦の部隊である。伝説では、西側機関の謀略「オペレーション・ジーザス」で細菌戦により全滅と伝えられている。（ここまでは原作のママ）。

たしかに主力の戦闘部隊は細菌戦により全滅。現地主力の精鋭部隊は壊滅したが、後方支援部隊は少人数であるが、無傷で残った。裏方として、最前線の兵士達からは何かと皮肉をいわれていた所謂、事務屋である。後方支援専門であるからイベントでの手伝い、雑務は得意である。そうした活動をつづけ小規模ながらその部門は命脈を保ってきた。西側機関から見れば、戦闘力を失ったわずかばかりの残党を消すのは、対費用効果の観点からも、脅威の面からも、過去の代物は捨て置くという立場だ。もっとも東西冷戦もなくなった今はそうした価値すら雲散霧消している。

今回ここに登場するデザートラビッツはそうした残兵の話しである。砂漠仕様の迷彩服の左肩にひときわ輝く部隊章。ベレーをかぶったウサギが銃を構えるタンカラーのエンブレム。これは、漫画『ジーザス』の主人公ジーザス伍長にも左腕にタトゥーとして彫られている。生き延びた精鋭。ジーザス伍長。しかし、ジーザス伍長は部隊壊滅後、すぐに行方不明となって今に至る。なぜか除隊になっていない。

ここからは、現代の話になる。クロークを担当する二人に視点をあてる。6Cジャケットにエンジのベレーのユニフォームの中年兵士は武器・装備展示見本市会場のクロークを任されていた。フジワラ曹長とまるん軍曹である。（三〇年も勤務していれば、そのくらいの階級にはなる）。本日は、上部組織の西側企業の装備品展示会である。その末端、お手伝いとして派遣された。

ここまでが設定である。我々は、販売者が、デザートラビッツの迷彩服で販売すれば購入する人が増えるのではという「ワッペンどうやって販売するか作戦」根幹の部分に突き当たることとなる。

ワッペンを付ける下地の準備である。デザートラビッツの迷彩服の6Cジャケット（チョコチップ）製造年次は1980年代末〜90年代初頭ころ。アメリカ軍が初めて作った砂漠仕様の迷彩服だ。『チョコチップ』又は『6カラーデザートカモ』と呼ばれる。もともとアメリカ国内の砂漠を想定していたため、小石に影があり、それがチョコチップの由来になっている。ところが、湾岸等では、却って目立つため、迷彩パターンが変えられたという話も聞いた。

迷彩服はどれも同じに見えるという人もいるかもしれないが、迷彩パターンは、活動す

©七月鏡一／藤原芳秀　小学館

る地域の植物の群生状況や地形の特性によって、確かに全部違う。国によって、また、軍の種類によっても違うのは興味深い。

フジワラ曹長と俺は、ネット通販で簡単に手に入るだろうとたかをくくっていた。ところが、ところがだ、「ない、サイズがない」。Lサイズがない。Sサイズは、うじゃうじゃあるが、L以上が無い。特にXL。そこで、二人はチョコチップ探しの旅に出た。あれこれ苦悩の末、フジワラ曹長の情報収集のおかげで、秋葉原で二人分ゲットできた。まったくの幸運だった。今では四〇年も前のモデルのため市場でもほとんど見ることが無くなってきたレアものとなっていたことをそのとき初めて知った。

その反省から、まるん軍曹は、新隊員、レンタル用として、チョコチップ、ベレー二セットをなんとか用意し、各イベント会場に持参している。参加者とフジワラ曹長とのツーショット撮影用である。

さて、デザートラビッツの入隊条件はこうだ。

一、無料通信アプリ（LINE）上の「デザートラビッツ」グループに、ワッペンを付けた迷彩服、ベレーの上半身の画像を送り、フジワラ曹長が「入隊を許可する」と返信があれば、入隊となる。

二、規約、入会金、年会費なし。
三、活動についての決まり事、規則などは特になし。気が向いたら、イベント等で集まって、写真を撮って盛り上がる。
四、一分隊は先任の班長を含め、六名以内とし、各分隊は班長が募集をする。

以上のユル〜い条件で、今回は募集をかけた。
フジワラ曹長はＴｗｉｔｔｅｒでキャンペーンしまくる。まるん軍曹は、グループライン「デザートラビッツ」に影像を上げまくる。その結果すごいことになった。**どっひゃー!**かつてあれだけ売れなかったデザートラビッツワッペンは、あっという間に完売。集合写真も撮りまくった。グループラインは他のメンバーも面白影像上げまくり？のとんでもない状況になった。このネット世界という異文化に**どっひゃー!**ちょっと前まで、まったくの閑古鳥だったのが、別世界だ。恐るべし、ネット世界。
現在、デザートラビッツの構成はこうだ。
本部広報隊　フジワラ曹長、まるん軍曹、キムラ隊員
第一分隊　Ｗ分隊長、以下五名（小隊に格上げになり現在サバゲー小隊として訓練中。）
第二分隊　○分隊長、以下三名

デザートラビッツ第１小隊とフジワラ曹長（中央）

第三分隊　Ｆ分隊長、以下不明
第四分隊　Ｋ分隊長、以下四名（なお第四分隊は衛生隊）

以下続々と増殖するデザートラビッツ。チョコチップが少ないのが心配だが、一流コレクターの集団だから、なんとかするだろう。なんたってデザートラビッツ入隊希望者だから。

増員中のデザートラビッツを構成するのは、キャラの濃い隊員ばかりである。

その中でもコードネーム「マスターＫ」氏をちょっとだけ紹介しよう。Ｋ分隊長は元陸上自衛隊の予備三尉殿であられる。陸自（北海道）レンジャーの資格ももち、経歴も面白い。高校社会科教諭（公民・倫理）や大学講師の経歴もある。大学院も出ている。さらに現在は居酒屋のマスターだから、コードネーム「マスターK」である。
毎月まるん軍曹は、第四分隊秘密基地、コマンドポスト「Y」に集結し、情報収集を進めている。「マスターK」の語る話はまさしくどっひゃー!である。

この本は、俺、まるんがM氏に語ったスタイルになっているが、今度、本を出すときは俺、まるんが書いてみようとおもう。マスターKも「是非頼む」といっている。仮題は『マスターKの不思議な話』の予定だ。あまり過激すぎて、本にならないかもしれない。このことが心配だ。ああーっ今晩も、第四分隊秘密基地、コマンドポスト「Y」に集結し『マスターKの不思議な話』を聞き執筆しなければならないという、不思議な義務感にさいなまれる。「マスターK」は、この本について、次のようにまるんに語った。「まず初版本を出す。最終目標は映画化で大賞を目指す。主役は俺が指名し、大好きな女優Nは起用したい。」あぁ!それに現在は神主になると言って、とある神社で修行中の身となった。令和二年四月には、とある大学で専任になるとも聞く。今夜もマスターKから話される、俺、まるんとは全く異世界の話。乞うご期待というところか。

「デザートラビッツ」は、フジワラ曹長のワッペン販促のための立体化した三次元チームだから、これといった活動計画はない。まあ盛り上がったら、サバゲーでもするかもしれない。そうそう、隊員が二〇名を超したら、隊員の中から「デザートラビッツ」の宿敵の「ナイトゴーンツ」を募集して、対戦してもいいねぇ、という構想もある。それまでは、二次元世界の「デザートラビッツ」を再読し世界観を堪能していただきたい。

次に〈先生〉の代表作の中で、『ジーザス』、『闇のイージス』、『拳児』について、俺の感想文をコラム形式で記す。俺の感想だから、いつもの通りとんちんかんかもしれないが、俺にとってこの作品世界は**どっひゃー!**の、はっきり言ってこりゃあ異文化体験だった。

『ジーザス』（JESUS）原作：七月鏡一・作画：藤原芳秀。『週刊少年サンデー』（小学館）で1992年43号～1995年20号連載。単行本は全13巻

【職業】殺し屋／高校教師（藤沢真琴）

【受付・アジト】「ネスト・オブ・ギース」

【作品で語られる略歴】

・ニューヨーク・スラムの出身。少年時代は「J（ジェイ）」と呼ばれる孤児で、娼婦たちに育てられた。ストリートチルドレンのギャング「マッシュルーム」のリーダー。「マッシュルー

ム」は、簡単に踏み潰されるちっぽけな存在の意味。
・12歳、ゾフィー（思いを寄せていた少女）を助けるため初めて拳銃を使用。しかし拉致され、無力感と同時に拳銃のトラウマを持つ。
・14歳、その後本作で様々な形でかかわるリック・バウマンと出会い、数々の戦闘技術師匠とも父親ともいえる関係となり、拳銃トラウマを克服しガンビオーネファミリーのボスを屠り、マッシュルームの仇をとる。ゾフィー奪還。
・17歳リック・バウマンと、全米逃亡しその中でさらに高度な戦闘技術伝授される。
その後「砂漠の兎（デザートラビッツ）」に「J・バウマン」として入隊（最終階級は伍長）。アフリカの戦線で活躍。「砂漠の兎（デザートラビッツ）」は西側企業の傭兵部隊。主な戦果は、東側の独裁政権をカダス共和国において打倒したこと。

このことは、孤独だったジーザスに「人々の自由のために戦うという誇り」と「最高の戦友」を認識させられる体験となる。

その、自己肯定感も「オペレーション・ジーザス」という「デザートラビッツ」殲滅作戦の発動（毒ガス兵器の無差別使用）により「ジーザス」以外は全滅。

このことにより「毒ガス兵器の無差別使用」に対して、強烈なトラウマを持つこととなる。

作戦を実施した西側機関に復讐心をもち、そうした気持ちも込めて自らを「ジーザス」と呼ぶ。

【敵】24（トゥエンティーフォー）「プランナーに率いられる組織」「東京都24区」の意味。C

ＩＡ日本版を目指す秘密組織。「ジーザス」にヘロイン1トンを奪われ、取り返すためにあらゆる刺客を放つ。

【仲間・ライバル】

・「ネスト・オブ・ギース」のオーナー橿原十蔵《かしはらじゅうぞう》 情報収集、武器の調達のサポート

・リック・バウマン。橿原十蔵と戦友であり、ジーザスの師匠でもあり…

・御堂真奈美《みどうまなみ》「24」の一員。タイガーのコードネーム。日系アメリカ人女性。年齢は20代前半。ジーザスと拮抗する実力の超一流の狙撃手。

【舞台】 新星高校新任日本史教師藤沢真琴（ジーザス）教師の仕事を通じて生徒達を守る使命感に目覚めていく。

『闇のイージス AEGIS IN THE DARK』（やみのイージス イージス イン ザ ダーク）『週刊ヤングサンデー』（小学館）２０００年48号～２００６年34号。単行本は全26巻。後日、『暁のイージス ＡＥＧＩＳ ＩＮ ＴＨＥ ＤＡＷＮ』（あかつきのイージス イージス イン ザ ドーン）とタイトル変更。週刊ヤングサンデー２００７年42号～２００８年35号。

【職業】 護り屋（闇世界でどんな刺客からも対象を護る）／元警察官（ＳＡＴ）

【受付・アジト】 Ｔｅａ ｒｏｏｍ セイレーン

【作品で語られる略歴】

・不良高校生（天涯孤独）

・機動隊配属の警察官（恩師・加納の説得で更生）

・同じく警察官の甲斐晴美と結婚、長男雅人が生まれ幸せな人生をスタートする。

・晴美の兄、彰一（キャリア警視正）の抜擢でSAT隊員となる。

【敵】

蝶（バタフライ・ファラージャ）国際指名手配中のカリスマテロリスト。「テロリストメイカー」「テロリスト教官」とも呼ばれトップクラスの破壊工作員。

好きな言葉は「完璧ならざる世界の破壊」。

これはと思うテロリスト候補生の背中に、「紋章」として焼けたナイフで大きな十文字の傷を刻む。そのことで自分に対する復讐者としてテロリストとしてのインプリンティングを施す。

アビスの反乱を策動、地上へ戻り、二発の核で世界に恐怖を与える。

【仲間・ライバル】

・魔女（セイレーン）」と自称するアナ・リドル。生育歴の関係から、少女ではあるが、高い知性と理性を備えている。闇社会では名の通った情報屋でありハッカーでもある。

・甲斐彰一《かいしょういち》　警視庁公安部所属のキャリア警察官。カウンターテロの専門家。警視正。雁人の妻の晴美の実兄で、雁人の無二の親友・戦友。雁人が裏社会に身を投じた後、「表と裏それぞれの世界から蝶を追跡する」「互いの生命を顧みず、どちらかが倒れたらその屍を踏み越えて前に進む」という約束を雁人と交わした。表の世界の最大の支援者。

コラム

まるん軍曹の『ジーザス』、『闇のイージス』独断解説

最初の印象として、2作品とも「二面性」を持っているということが共通項と、俺は読み取った。

世間一般では、「ものがたり」・「物語」は「勧善懲悪」型が多く、「善」が「悪」を懲らしめる。「桃太郎」で言えば「善」の「桃太郎」が「悪」の「鬼」を懲らしめる、という展開に読者は慣れ親しんでいる。これは「水戸黄門」対「悪代官」や「警官隊」対「ギャング団」だったりする。

ところが、『ジーザス』『闇のイージス』とも、それぞれのキャラクターに「二面性」を付与している。「明」と「暗」や「善」と「悪」だったりする。さらに、その主人公を取り巻く世界も、二つの世界が最初に設定されている。

相対する二つの性格である。作品世界で具体的には「表社会」と「裏社会」。または「警察」と「犯罪者」というカテゴリー。そして、究極は「生」と「死」につながる。

この、明と暗。社会的な善と悪が場面設定としてなされているのが一般的。

七月鏡一・藤原芳秀チームは、この「勧善懲悪」の概念を最初に壊す作業からしている。読者に違和感を覚えさせながらも、不協和音の旋律で作品世界に引きずり込む。異文化の出現である。

そして読者に、「世間一般的な意味理解では、裏と表、善・悪的捉え方だが果たして、心理学的な側面からみたらそれは、正しいのであろうか。二面性の捉え方はもう少し柔軟に捉えられるのではないか。」という視点を与えることに成功している。

しかし、これは先達が存在する。それは、陰陽（いんよう・おんよう・おんみょう）である。中国の思想に端を発し、森羅万象、宇宙のありとあらゆる事物をさまざまな観点から陰《いん》と陽《よう》の二つのカテゴリに分類。陰と陽とは互いに対立する属性を持った二つの気であり、万物の生成消滅といった変化はこの二気によって起こるとされるといった考え方である。

だから、主人公の対立軸（敢えて悪役とはかかない）の登場人物「蝶《バタフライ》」に「完璧ならざる世界の破壊」というテーマを言わせている。

「完璧」と「混沌《カオス》」が対義語で成り立つとすれば、「完璧ならざる世界の破壊」は「混沌《カオス》世界の破壊」をも意味する。

陰陽は次のように説く。原初は混沌《カオス》状態であるが、この混沌の中から光に満ちた明るい澄んだ気、陽の気が上昇して天となり、重く濁った暗黒の気、陰の気が下降して地となった。この陽・陰の二気の働きによって万物の事象を理解し、また将来までも予測しようとする思想。

つまり、ラスボスの「蝶《バタフライ》」は「陰」と「陽」が落ち着くのを待てなかったということになる。ただ、結果として作品自体は「陰」と「陽」に落ち着いていく。

両作品の展開もそうだ。受動的な性質つまり依頼があればどんなことをしても依頼者を守り抜く「守り屋」としての『闇のイージス』と、能動的な性質、つまり依頼があればどんな敵も殺す「殺し屋」『ジーザス』は好対照であり、さらに『闇のイージス』にも積極的防衛である能動的な性質が内在する。同じく『ジーザス』にも「守るべき物」のために受動的な状況が展開する装置が内包されている。

作品に即してもう少し具体的に述べることとする。

まず、主人公『ジーザス』ジーザス／藤沢真吾は殺し屋の能動的な性質を持っていると同時に保護対象（守るべきもの）、具体的には、戸川誠治（不良少年）、野代幸子（戸川の幼馴染）、水谷百合子（お嬢様新任教師）は受動的な性質のシンボルとも言えるだろう。

一方『闇のイージス』楯雁人は依頼があれば誰だろうと守り抜く「護り屋」で受動的な性質だが、一方その目的を達成するために「海ほたる」や「原子力空母」に潜入し能動的な性質も発揮している。

さらにジーザスは傭兵（現殺し屋）、楯雁人は警察官（現護り屋）と、対比的でもある。そしてそれらの仕事も受動的な性質のシーンと、能動的な性質のシーンと交互に織り交ぜられて物語りを進行させている。

出てくる組織も主人公以外の登場人物も、すべてが二面性を内包した設定になっている。たとえば警察組織の二面性「国の組織を守る公安」「市民を守る刑事」、秘密組織「24」（トゥエンティーフォー）は二面性というより多面性といったほうがいいかもしれない。

コラム

『拳児』もう一つの藤原作品

『拳児《けんじ》』は、原作・松田隆智、作画・藤原芳秀漫画作品。『週刊少年サンデー』（小学館）に、1988年2・3号から1992年5号まで連載された。単行本は小学館 少年サンデーコミックスより全21巻（うち外伝1巻）。

前掲の『ジーザス』（JESUS）が、『週刊少年サンデー』（小学館）1992年43号から1995年20号まで連載されていたので、その前半の作品となる。『ジーザス』『闇のイージス』ともすでに述べたように、大人の複雑な内面世界を象徴するように「陰陽」の要素がキャラクターや登場する組織に内包されているのに対し、『拳児』はスタート時点の設定が小学校三年生のためそうした複雑さはない。

むしろ「陽」の塊のような少年である。あらすじは、『拳児』小学三年から高校二年（推定）までの、成長の記録である。ただ、田舎の祖父・剛侠太郎から八極拳を学んでいた。

その祖父が中国で世話になった人にお礼をするといって出かけたきり行方不明になってしまった。孫の剛拳児が心身の成長とともに、各地で中国拳法を多くの師に出会いながら、中国武術の技術論や思想・哲学などを体得し心身ともに成長する物語となっている。祖父・侠太郎と同様、孫の拳児とも明るいキャラクターに設定されている。陰陽の二面性の具体的な要素として「陰」は、「闇・暗・柔・水・冬・夜・植物・女」とされる。「陽」は「光・明・剛・火・夏・昼・動物・男」という分類に象徴されるように「剛」であり「男」である。

当然「陰」の役、つまり「敵」も存在するが、その最たる人物は、作品全般の要所要所に登場する「トニー・譚《たん》」であろう。洪家拳と流星錘の使い手。彼の生育歴において「強くなることと勝つことに執着する粗暴で残忍な性格」(過欲)となったと記されている。

「陰」には夜叉五《やしゃご》もいるがここでは割愛する。

「陽」では李書文の最後の弟子、劉《りゅう》 月侠《げっきょう》や劉月侠の高弟、蘇《そ》 崑崙《こんろん》を始め「ユニオン」の仲間もそのグループに属す。

「陰」では日本の暴走族「鉄羅漢」。香港の愚連隊「天友楽」。悟空《ごくう》の率いる強盗団「夜叉王」と、「陰」を代表する「敵」には事欠かない。

ただここで主人公「剛拳児」は、祖父・侠太郎の足跡を追って、「横浜中華街」→「台湾」→「中国香港・九龍城」→「中国・北京」→「中国・滄州」→「中国・鄭州」→「中国嵩山少林寺」と旅をし、いろいろな出会いをする中で拳士としての技能と精神的成長を見せる。

「陰」の象徴「トニー・譚《たん》」との決闘も終わり。剛《カン》　侠《シャー》と名乗っていた祖父・侠太郎を発見し、日本に帰った孫の拳児は、いままでの反動から無気力な生活を送っていた。そんな中、松濤館流の師範で祖父・侠太郎とも親しい空手家の高山《たかやま》　双八《そうはち》をお礼をかねて訪ねる。全国大会を制覇空手家であるほか武道・武術にも精通しており、拳児に様々な古武術の技を指導している。お世話になった人である。

無気力な拳児は防具組み手をすることで、気力が、再度もてるのかと高山に対戦を希望する。道場一のタフな増山との対戦で拳児は無意識に「暗勁」を使う。

以下高山のセリフより。抜粋『拳児』巻⑳（一六五～一六七頁）

高　山「それが中国拳法の暗勁だよ。とうとう極意を体得したんだね」

拳　児「でも自然にスッと手が出ただけなんです。」

高　山「最高の技ほど体得した時は最も自然に感じる物だ。その段階になると敵と対戦したときは技は必要なくただ打つだけだ。（略）本当の練習とは多くの技を身につけるのではなく。不必要なものを捨て去って絶対なる一を見つけることだ。剛君はどうやら見つけたようだね」

その後、拳児が多くのことを学んだが、今はただ空しいだけだと言うと、高山は

高　山「それは、君が人対人の強さを求めていたからだよ。（略）人対人の段階を超越し

て大自然、つまり宇宙と一体になることさ。（略）正しい武術の技法は宇宙の法則を動作に現したものだ、だから高い目的意識を持って練習すれば身体を通して理解し、やがて宇宙と一体になれるはずだ。」

祖父・侠太郎により、最後の仕上げとしての宇宙との一体化の修行を終わり、昇朝日の中でエドウィン・アーノルドー『亜細亜の光』第8章よりの言葉でエンティングとなる

「何ものも求めない者は、すべてを得、自我を捨てると、宇宙が自我になる」

なにやら宇宙との一体化のようなエンディングである。

俺はこの展開を知り次のような感想をもった。たしか道教では、「修行を通して、道は学ぶことはできるが、教えることはできない」とされている。言葉で言い表すことのできる道は真の道ではないとされ、道士の書物や言葉は道を指し示すものに過ぎず、真の「恒常不変の道」は各自が自分自身で見出さなくてはならないとされている。

これは前述の高山の「最高の技ほど体得した時は最も自然に感じる物だ。その段階になると敵と対戦したときは技は必要なくただ打つだけだ。本当の練習とは多くの技を身につけるのではなく。不必要なものを捨て去って絶対なる一を見つけることだ。剛君はどうや

ら見つけたようだね」と同質のものではなかろうかと。

『拳児』では自我からの解放として、「高い目的意識」「宇宙と一体」「自然の法則」を通して父がゲーテの言葉で拳児を諭す「自然の極地は愛である。人は愛によってのみ自然に近づくことができる」（一七一頁）と、さらに祖父・侠太郎は「人は皆天地の大いなる愛によって生かされている」（一七五頁）と二人のいままでのキャラからはで想像できないような哲学的な言葉で終焉に向かう。悟りの境地か。所謂「無為の為」のことか？

まだまた異文化体験が不足していると痛感する。

まるんの「語り」終えた感想

「道教」は、漢民族の土着的・伝統的な宗教である。中心概念の道（タオ）とは宇宙と人生の根源的な不滅の真理を指す。道の字は辶（しんにょう）が終わりを、首が始まりを示し、道の字自体が「太極」にもある二元論的要素を表している。「始まり」／「終わり」先に触れた、「七月鏡一・藤原芳秀」コンビの作品には随所に出てくるのが特徴だ。つまり、随所に出現する「生き残る方法は自分で探す」的箇所である。

俺は思う。デザートラビッツ物語の示唆するものは、実に多様な価値観を垣間見せてくれることを知った。「二面性」という視点から言えば古くは『源氏物語』からの手法であることにも想いをはせた。光源氏と頭中将。匂兵部卿と薫大将のような陰陽の構図。なにやら、視点を変えればいろいろなものが見えてくるかもしれない。

また、「陽」の少年「拳児」では「でも自然にスッと手が出ただけなんです。」の言葉に代表される「無為の為」のような境地。これらを道教では、「道は学ぶことはできるが教えることはできない。」「言葉で言い表すことのできる道は真の道ではない」「道士の書物や言葉は道を指し示すものに過ぎず、〈**真の恒常不変の道**〉は各自が自分自身で見出さなくてはならない」としている。ただ仏教と違い過欲は否定するものの「欲」自体は否定しない。そうした、二次元の漫画であってもなにか、俺が伝えようとしている世界に通じるものがあるような気がする。

飛行機の操縦、漁船同行記、鉄砲の歴史と、ずっと俺の中で、もやもやしていたことをすっきり言い表してるように思える。なーんだ、ずっと昔からあったんだ。

俺は自問自答する。「そうですよね、自分で体験して、なにかを感じて、次のステップへ進むのですよね。こうやって、道の世界を知り、感動することが異文化体験なんだなあ。ステージアップというのはそういうことなのですかねー」

もちろん答えは返ってこない。俺自身の内面世界が形成する異文化体験。

あとがき

本書は冒頭に記したとおり、まるんが私に語った内容を文字として現したものである。つまりは、まるんの「語り」である。まるんが様々な異文化に接したときの所謂カルチャーショックを、まるん独特の「どっひゃー」という表現で表記している。

まるんは私と違い感性の鋭い人だから、ちょっとした違いや変化に敏感に反応する。まるんは、彼の「語る」多岐に渡るジャンルでの体験があり、豊富な蘊蓄もある。その彼が感動するのだから、きっとすごいことなんだろう。本書には採録してないが、一度まるんの運転するラリーカーに乗せてもらった。ダートという土の路面で、彼は、右に、左にと車を横にして走ったいた。いわゆるドリフトという走り方らしい。私は全身を硬くして、両脚を突っ張り、両手はとってを握ってひたすら横Gに耐えた。全身汗びっしょりになって降車したが、まるんは平然として何事もなかったようにたばこをくわえていた。私からみれば、まるんが異文化そのものなのである。

本書は大きく三つの作品系とコラム系からなる。三つとは主に平成前期に書かれたエッセイを中心に語られたもの。平成後期に中国一人旅を中心に語ったもの、そして「藤原作品」に出会った二次元世界への驚きである。それらを「コラム」や「詩」が繋いでいる。

さらに「藤原芳秀」氏作画のまるんの挿絵が花のあるものにしている。

今回はまるんの「語り」を私が文字化したが、次はどこかで、まるんが自分で書くといっているから、私はこの楽しい任を本来の話者にゆずることとしよう。

文面が読みにくいのは、ひとえに私の力不足と不徳の故であって、まるんの「語り」ではない。

正直いって、まるんの「語り」を文字化するのは楽しかったが、絶妙な語り口に、私の筆がついていいってないのも事実である。

著者　宮﨑　潤一

プロフィール

【話者】まるん

順番は本人の発言頻度順。…（　）内は（まるん本人の発言に対する著者宮﨑のコメント）

- エッセイスト…（話者の語りによって本書ができるくらいだから、まあそうなんだろう）
- 童話作家…（たしかに、今も童話同人誌に作品は発表している）
- 詩人…（今も詩の同人誌に作品は発表している。いい詩かどうかは私にはわからない）
- カメラマン…（大きい白いレンズを持ってブルーインパルスを追っかけていたようだ。写真集は今度４冊目を出すとのこと）
- 巡礼者…（次は四国でお遍路になるらしく、西安、青竜寺の一件は本書の通り。板東、秩父は結願。現在、西国百観音がもう少しといっていた。また、不動尊、関東。北関東は結願。近畿三六不動ももう少しとのこと）
- アマチュア無線技士…（彼の無線に対する知識や技能ははっきり言ってよくわからない）
- 狩猟免許歴三〇年以上…（私は寒いところ、危ないところはいきません）
- 古物商（美術品・衣類）…（なんか、儲かっている気配なし。このことにまるんはほとんど触れないからたぶんそうだと思う）
- 小型船舶操縦免許証一級…（海外に行けるらしいが、私はこの間、彼の船に乗って東京湾で大好きな帽子を飛ばしました）
- 全日本自動車連盟公認国内Ａ級ライセンス元保持者。…（このことの意味すらわからん）
- 元ラリードライバー…（彼の車には二度と乗らない、横に走る車はこりごりだ）
- 全日本スキー連盟公認基礎スキー指導員・元プロスキー教師…（聞いた？プロなんでしょ。何でもセッターという犬のような資格もあるらしい）
- 大型運転免許、大型特殊免許、…（戦車も運転〇とまるん曰く。でも自衛隊の戦車の操縦は許可されないと思うけど…）
- 自動二輪免許…（原付は私も乗れます）

・作業免許…（ペイローダー・ユンボ・フォークリフトが○。特に解体が得意とか）

【挿絵作家】藤原　芳秀

本名、藤原芳秀。1966年6月13日、鳥取県鳥取市河原町生まれ。漫画家（ジャンルは少年漫画・青年漫画）。師匠譲りの劇画調タッチが特色。1984年、高校在学中に『魔利巣（マリス）』で小学館新人コミック大賞に入選。卒業後、池上遼一・本宮ひろ志のアシスタントを経て、1986年に『私立終点高校』でデビュー。代表作に『拳児』、『拳児2』、『ジーザス』、『コンデ・コマ』、『闇のイージス』など。現在『ゴルゴ13』のさいとう・たかをが代表を務めるさいとう・プロダクションでも作画中。

【まるんのテーマ　作曲者】相葉　大輔

ギタリスト、作編曲、音響エンジニア。2008年より同人音楽に関わり、コミックマーケットなどを中心に同人音楽に関わる。同人音楽のサークルがバンド形態になり、全国ツアー、1000人クラスの会場をワンマンライブで成功を収める。
現在もバンド活動を続けながら、楽曲提供や音響エンジニア、プロデューサーとして活動の幅を広げている。

【著者】宮崎　潤一

文学研究者・国語教育実践研究者。

《著作》

『協働して学びに向かう力を育てる中学校国語科教育実践集』（単著、溪水社　2019年）

『若き日の井上靖－詩人の出発（旅立）』（単著、土曜美術出版販売　1995年）

他、共著・論文等多数

《所属学会》

国語科授業方法研究会（主宰）、全国国語実践研究会（理事）、井上靖研究会（理事・事務局長）、

他　全国大学国語研究会、昭和文学会など多数

まるんの語る「どっひゃー！」ワールド
—— 平成異文化体験物語 ——

令和元年 9 月 14 日　発行

著　者　宮﨑　潤一
挿　絵　藤原　芳秀
発行所　株式会社溪水社
広島市中区小町 1-4（〒 730-0041）
電話 082-246-7909　FAX 082-246-7876
e-mail: info@keisui.co.jp
URL: www.keisui.co.jp

ISBN978-4-86327-489-1　C0095